Buch

»Mandala« ist ein Sanskrit-Wort und bedeutet Kreis. Alle Kulturen der Welt kennen Mandalas und verwenden sie als Symbole für spirituelle und heilerische Zwecke.
In diesem Praxisbuch erläutert die Autorin, wie jeder selbst Mandalas anfertigen kann. Sie erklärt bestimmte Techniken und führt aus, wie die selbstgefertigten Mandalas gedeutet werden können.
Den inneren Ruhepol zu finden oder für das Innere eine Ausdrucksform zu finden – der spielerische Umgang mit Mandalas birgt eine Fülle von heilsamen Impulsen und Anregungen für die Begegnung mit seelischen Wahrheiten.

Autorin

Anneke Huyser war nach ihrer sozialpädagogischen Ausbildung über sechs Jahre lang Mitarbeiterin im »Centrum voor Zelfbezinning«. Sie erarbeitet bereist seit Mitte der achtziger Jahre regelmäßig Mandalas anhand verschiedener Techniken.

ANNEKE HUYSER
Das Mandala-Arbeitsbuch

Aus dem Niederländischen
von Clemens Wilhelm

GOLDMANN VERLAG

Die Originalausgabe erschien
unter dem Titel »Mandala's maken«
bei Uitgeverij Ankh-Hermes bv, Deventer

Deutsche Erstausgabe

Umwelthinweis
Alle bedruckten Materialien dieses Taschenbuches
sind chlorfrei und umweltschonend.
Das Papier enthält Recycling-Anteile

Der Goldmann Verlag ist ein Unternehmen
der Verlagsgruppe Bertelsmann.

Deutsche Erstausgabe September 1996
© 1996 der deutschsprachigen Ausgabe
Wilhelm Goldmann Verlag, München
© 1994 der Originalausgabe Uitgeverij Ankh-Hermes bv, Deventer
Umschlaggestaltung: Design Team München
Umschlagabbildung: Anneke Huyser
Satz: All-Star-Type Hilse, München
Druck: Presse-Druck, Augsburg
Verlagsnummer: 12265
Redaktion: Ingrid Holzhausen
KF · Herstellung: Martin Strohkendl
Made in Germany
ISBN 3-442-12265-1

1 3 5 7 8 10 8 6 4 2

Inhalt

Einleitung 7

1. Mandalas 15
2. Das Anfertigen von Mandalas
   als besinnlicher Prozeß 35
3. Das Anfertigen von Mandalas
   als schöpferischer Prozeß 45
4. Zeichnen, Malen, Sticken und andere Techniken 57
5. Symbole in Mandalas 73
6. Deutung von Mandalas 101
7. Entspannungs- und Visualisierungsübungen 115

Einige Worte zum Schluß 121
Literaturhinweise 123
Musik 124

Einleitung

In diesem Buch will ich zusammen mit Ihnen, liebe Leser, auf eine Entdeckungsreise gehen, bei der wir die Bedeutung und Verwendung von Mandalas – kreisförmigen geometrischen Darstellungen – die man in fast allen Kulturen der Welt findet, und Techniken für ihre selbständige Anfertigung erkunden wollen.

Immer mehr Menschen sind von dem universellen und dennoch einzigartigen Phänomen der Mandalas fasziniert, ihrem vielfältigen, kaleidoskopartigen Farbenspiel, ihrem Symbolgehalt und ihrer transformierenden Wirkung. Die bloße Betrachtung eines Mandalas erfreut das Auge und weckt angenehme Empfindungen; noch befriedigender aber kann es sein, Mandalas selbst herzustellen. Der Drang zur Schaffung von Kreisformen und Mandalas ist ein Hinweis auf das intensive Bedürfnis des Menschen nach Ganzwerdung und Integration wichtiger Ereignisse und Bewußtseinsinhalte.

Die Herstellung von Mandalas ist ein besinnlicher und zugleich ein schöpferischer Prozeß. Manchmal ist keine klare Haltung möglich. Besinnung öffnet die Tür zu einer schöpferischen Quelle, die, wenn sie einmal erschlossen ist, in immer breiteren und tieferen Schichten des Bewußtseins sprudelt. Dies fördert das kreative Schaffen immer mehr, die Fähigkeit, aus dem Nichts etwas entstehen zu lassen. Die regelmäßige Besinnung auf etwas, womit man sich gerade beschäftigt, stärkt ganz allgemein die kreativen Kräfte im Menschen, und hierin liegt das Potential zu einer unendlich fruchtbaren Wechselwirkung. Die schaffende Besinnung wird zu einem besinnlichen Schaffen transformiert, und wenn dies durch die selbständige Anfertigung eines Mandalas geschieht, entsteht dabei ein intuitiv und meditativ erzeugtes Abbild des Inneren.

Dieses Bild ist wie ein Spiegel, in dem ein ganzes Menschenleben aufscheinen kann, aber auch bestimmte Aspekte der Persönlichkeit, denen man zu diesem Zeitpunkt seine Aufmerksamkeit schenken und die man verarbeiten muß.

Ich selbst habe vor etwa zehn Jahren in einer sehr turbulenten Phase meines Lebens mit dem intuitiven Sticken meines ersten Mandalas begonnen. Im *Zentrum für Selbstbesinnung*, in dem ich damals arbeitete, war ich einigen Menschen begegnet, die sich hiermit beschäftigten. Dies interessierte mich sehr, da ich selbst gerne Handarbeiten machte, zeichnete und malte, doch ich wollte meinen kreativen Ausdruck keinem vorgegebenen Muster nachbilden. In Büchern und in den tibetischen Zentren, die ich damals regelmäßig zu Meditationskursen aufsuchte, hatte ich ebenfalls schon Abbildungen tibetischer Mandalas gesehen. Jetzt reizte es mich, einmal selbst etwas Ähnliches zu machen. Ich bemerkte, daß Sticken eine beruhigende Wirkung auf mich hatte und stellte fest, daß mein erstes Mandala alle Veränderungen und Ereignisse der letzten Jahre genau wiedergab (Ehescheidung, Umzug, neue Ehe, Geburt, Tod, berufliche Veränderung und so weiter). Nach zehn Monaten war das Mandala fertig, und ich konnte es kaum erwarten, mit dem zweiten zu beginnen. Weitere gestickte Mandalas folgten rasch. Da Sticken sehr zeitaufwendig ist, begann ich auch mit dem Zeichnen und Malen von Mandalas zu experimentieren. Bei diesen Techniken kann man schon nach wenigen Stunden Ergebnisse vorweisen. Ich tauschte regelmäßig mit anderen Menschen Erfahrungen aus, und wir begutachteten gegenseitig unsere Mandalas. Allmählich begann ich mich auch für die Geschichte, den Hintergrund und die Symbolik von Mandalas zu interessieren, und ich besorgte mir Bücher zu diesem Thema.

Dann eröffnete ich mit meinem Partner eine auf Esoterik und verwandte Themen spezialisierte Buchhandlung in Utrecht. Im ersten von mir gestalteten Schaufenster lag das Buch *Mandala* von José und Miriam Argüelles auf einem runden roten Tuch, um das ich verschiedene Bücher mit Mandalas oder Kreisen auf dem Umschlag gruppiert hatte. In dem hinter dem Laden gelegenen Kursraum organisierten wir verschiedene Ausstellungen mit selbstgemachten Mandalas verschiedener Leute. Schon damals zeigte sich großes Interesse an diesem Thema, und Besucher aus nah und fern strömten herbei, um die Ausstellung zu sehen und sich näher zu informieren.

Inzwischen arbeitete ich selbst weiter an Mandalas. Nachdem ich einige Mandalas geschaffen hatte, mit denen ich »negative« Emotionen und Gefühle verarbeitete, empfand ich das starke Bedürfnis, einmal ganz bewußt meine »positiven« Empfindungen in ein Mandala zu projizieren. Nachdem ich bei meinen früheren Mandalas relativ viele Pastelltöne benutzt hatte, wählte ich jetzt intensivere Farben wie Rot, Gelb, Blau, Grün und Violett, wodurch kräftigere Kontraste entstanden und damit auch mehr Tiefe.

Bei der Herstellung dieses Mandalas trat bald eine mir bis dahin unbekannte Nebenerscheinung auf. Ich »hörte« in meinem Kopf Sätze, die mit der selbständigen Herstellung von Mandalas und mit den Empfindungen zu tun hatten, die dabei auftreten konnten, und ich erhielt praktische Anweisungen, als würde mich ein innerer Lehrer unterweisen. Nachdem mich diese Gedanken immer mehr beschäftigten, begann ich sie aufzuschreiben. Prompt verstärkte sich dieses Phänomen, und bald schrieb ich während des Stickens auch. Als das Mandala fertig war, und verschiedene Menschen ihre Meinung dazu äußerten, wurde mir allmählich klar, daß ich mit diesem Werk mit meiner innersten Quelle in Berührung gekommen war, die ich mit gutem Gewissen als mein höheres Selbst bezeichnen kann. Aus dieser Quelle kam nun nicht nur der Antrieb zur Schaffung von Mandalas, sondern auch die Idee zu diesem Buch.

Auch die Mandalas, die ich in dieser Zeit zeichnete und malte, bekamen dadurch mehr Farbe und Tiefgang. Ich sah nun auch manchmal, wenn ich mich entspannt und klar fühlte, oder in der Zeit zwischen Wachen und Schlafen, vor meinem geistigen Auge spontan ein schönes Mandala erscheinen. Meine Versuche, diese dann mit Kreide oder Bleistift rasch auf Papier festzuhalten, verliefen jedoch enttäuschend. Das Material schien zu träge und schwerfällig zu sein.

Für dieses Buch wollte ich nicht nur meine eigenen intuitiven Erkenntnisse heranziehen, sondern mich auch darüber informieren, was andere Autoren zu diesem Thema veröffentlicht hatten. Ich begann, mich systematisch in die Literatur über Mandalas und geometrische Muster zu vertiefen und entdeckte dabei eine unglaubliche Fülle von Material aus allen Teilen der Welt. Bei meinen Recherchen stieß ich auf sehr viele Informationen aus ganz unerwarteten Richtungen. Ich suchte nun nicht mehr nur nach dem Stichwort »Mandala«, denn ich stellte bald fest, daß kreisförmige Objekte und die Anwendung des Kreisprinzips manchmal auch das Thema von Büchern über Volkskunst, Schamanismus, Sticktechniken, Archäologie, Traumsymbolik und Meditation sind. Meine Aufgabe bestand nun darin, aus all diesem Material dasjenige auszuwählen, was für mein Buch brauchbar war. So konnte ich diesem Buch neben der praktischen Anleitung für die selbständige Herstellung von Mandalas mit Hilfe verschiedener kreativer Techniken auch noch ein Kapitel über die Geschichte und die kulturelle Verbreitung der Mandalas hinzufügen. Weiterhin finden sich Hinweise dazu, wie der Besinnungsprozeß während der Herstellung des Mandalas verlaufen kann, und wie man sein Mandala durch eigene Assoziationen betrachten und analysieren kann, eventuell mit Hilfe von Hintergrundwissen über die Symbolik von Farben, Formen und Zahlen. Mandalas kann man in ganz unterschiedlicher Weise herstellen, zum einen kann man intuitiv, einfach aus dem Nichts, in der Mitte mit einem Farbtupfer oder Kreuzstich beginnen und sich überraschen lassen, was daraus entsteht. Andererseits gibt es auch Malbücher mit vorgedruckten Mandalas, die man nur noch mit selbstgewählten oder sogar vorgeschriebenen Farben auszufüllen braucht. Dazwischen gibt es aber noch eine ganze Skala anderer Möglichkeiten. Wie sich aus der dargestellten Zielsetzung meines

Buches ergibt, neige ich persönlich am stärksten zur intuitiven Herstellung von Mandalas, ohne vorgefaßten Plan, wobei ich einfach in der Mitte beginne. Natürlich sind verschiedene Vorgehensweisen möglich, und man kann nicht sagen, daß ein Verfahren besser wäre als ein anderes. Jedem, der Mandalas herstellen will, stehen verschiedene Möglichkeiten offen.

Dieses Buch ist für Menschen geschrieben, die spüren, daß in ihrem Inneren Kräfte ruhen, die sich betätigen wollen und mit denen etwas geschehen soll. Es wendet sich an Menschen, die auf der Suche nach sich selbst sind und die Kraft und auch den Mut haben, sich in ihren eigenen Schöpfungen zu erkennen. Weiterhin ist dieses Buch für Menschen bestimmt, die vielleicht noch nie Bleistift, Pinsel oder Sticknadel in die Hand genommen haben, jetzt aber den Mut zu Experimenten aufbringen und hierfür mit Mandalas arbeiten wollen. Für die kreativen Techniken, die in diesem Buch beschrieben werden, braucht man keinerlei Hintergrund. Wer über einen solchen Hintergrund verfügt, für den kann die beschriebene intuitive Arbeitsweise vielleicht eine zusätzliche Inspirationsquelle sein.

Häufig werden Kurse für Menschen angeboten, die gerne in einer Gruppe oder allein Mandalas herstellen und Erfahrungen austauschen. Weltweit einmalig dürfte die niederländische Mandalavereinigung sein, die viermal jährlich eine Zeitschrift herausgibt, Ausstellungen organisiert, Informationen vermittelt und überall in den Niederlanden Kontaktkreise unterhält, in denen sich Mandala-Freunde regelmäßig treffen.

Allmählich beginnt die Mandala-Idee in unserer Gesellschaft Fuß zu fassen. Immer mehr Lehrer lassen in der Schule die Kinder vor Unterrichtsbeginn Mandalas zeichnen, um sie mit sich selbst und miteinander in Harmonie zu bringen. Dabei kommt ihnen zustatten, daß Kinder oft von sich aus spontan Mandalas zeichnen. In den ersten Kritzeleien eines Kleinkindes sind sehr oft schon Mandalas angelegt; manchmal ist es nur ein leerer Kreis, doch ist oft schon eine symmetrische Teilung des Kreises zu erkennen. Meine jüngste Tochter hat schon viele solcher Mandalas gezeichnet, auch mit komplizierteren Formen und mehreren Farben.

Wenn man sich in die Geschichte der kreativen und künstlerischen Äußerungen vertieft, entdeckt man zwischen dem ausgehenden Mittelalter und dem Beginn des 20. Jahrhunderts bezüglich des Ausdrucks individueller Phantasie und Intuition eine Lücke. Die Ratio stand im Vordergrund, und Industrie und Technik traten ihren Siegeszug an, was für das Phantasieleben der breiten Bevölkerung verheerend war. In der ländlichen Volkskunst und im Okkultismus wirkten die magischen, schützenden und heilenden Kräfte weiter, diese wurden jedoch vom Bürgertum verachtet und als minderwertig oder beängstigend betrachtet. Erst in unserer Zeit beginnen immer mehr Menschen wieder zu begreifen, daß in jedem Einzelnen ein sehr viel größeres Potential an schöpferischen und intuitiven Möglichkeiten verborgen liegt, als man bisher glaubte. Dies ist vor allen Dingen das Verdienst von Sigmund Freud, C. G. Jung und Roberto Assagioli mit ihren Traum- und Symboldeutungen, der Entdeckung der Existenz des Unbewußten, des höheren Selbst, des kollektiven Unbewußten und der Entwicklung von Techniken wie Imagination und Visualisierung. Jung befaßte sich insbesondere mit der Symbolik, die in persönlichen Mandalas zum Vorschein kommt, und er leistete damit Bahnbrechendes für die weitere Verbreitung dieses Wissens bei einem größeren Publikum. Weiterhin trugen die Zurückdrängung des Rationalen und die feministischen Bewegungen in der Gesellschaft dazu bei, daß weibliche Werte allmählich wieder Anerkennung fanden, was sich unter anderem dadurch zeigte, daß sich die Menschen wieder subtileren Gefühlen öffneten und damit auch den intuitiven und spirituell aufbauenden Ausdrucksmöglichkeiten.

Gespräche, die ich mit verschiedenen Menschen führte, zeigten mir, daß der Wunsch, Mandalas herzustellen, oft einem heiligen, das heißt heilmachenden Drang entspringt. Etwas im Menschen ist die Triebfeder, und dieser Drang kann nur dadurch befriedigt werden, daß man Papier, Bleistift,

Farbe oder Sticksachen besorgt und sich an die Arbeit macht. Ich wünsche mir, daß ich mit diesem Buch bei vielen Menschen den inneren und äußeren kreativen Prozeß und die Besinnung hierauf anregen kann. Ich wünsche allen, die in diesen Prozeß eintreten, viel Licht, Kraft und Inspiration sowie Durchhaltekraft, falls vielleicht nicht immer alles auf Anhieb gelingt.

ANNEKE HUYSER

*Koptische Textilarbeit aus Ägypten
(Beginn unserer Zeitrechnung)*

1.
Mandalas

Kreise, Spiralen und andere runde Objekte beschäftigten schon immer die Phantasie der Menschen. Unsere fernen Ahnen wußten bereits, daß diese Formen besondere Bedeutung haben. Die Menschen der Vorgeschichte zeichneten die ersten spiral- und kreisförmigen Darstellungen auf Fels- und Höhlenwände. Damit stellten sie die Sonnen und den Mond und deren Umläufe dar. Im Laufe der Zeit sind viele Sonnenreligionen, -kulte und -rituale entstanden, durch die diese Licht- und Wärmespenderin, ohne die kein Leben möglich wäre, verehrt und angebetet wurde. Viele Völker und Kulturen entwickelten über den Sonnenkult eine Lebenshaltung, in der das Denken in Kreisläufen und das Miterleben der natürlichen Jahreszyklen eine grundlegende Rolle spielten. Sie benutzten für ihre heiligen Rituale hauptsächlich in der Natur vorgefundene runde Höhlen und natürliche runde oder ovale Flächen innerhalb eines Baumkreises im Wald. Später wurden diese Ritualorte mit Steinkreisen gekennzeichnet, und auch die Verstorbenen wurden in runden Grabhügeln bestattet.

Im Laufe von Jahrhunderten entwickelten sich dann aus den zunächst noch primitiven Riten Religionen, in denen Sonnengötter und -göttinnen, von einer Schar niedriger Götter und Göttinnen umgeben, die täglichen Geschicke lenkten. Um den Kontakt mit diesen Göttern herzustellen, bedienten sich viele Kulturen in aller Welt bei ihren rituellen Handlungen speziell hierfür hergestellter Zeichnungen mit Kreiselementen. Diese wurden mit farbigem Sand, zerstoßenen und getrockneten Kräutern und Pasten aus Körnern oder feingeriebenen Wurzeln auf Fußböden und Wände gezeichnet. Es gibt heute noch Kulturen, in denen diese oft komplizierten geometrischen Gebilde als religiöse Symbole oder bei Heilungsritualen benutzt werden. In Australien verwenden die Aborigines ihre in den Sand gezeichneten »Dreamings« (Traumbilder), um mit den Ahnen in der »Traumzeit«, dem übernatürlichen Ort in ihrer Geisterwelt, in Kontakt zu kommen. Die nordamerikanischen Navajo-Indianer zeichnen zu geheimen Heilungsritualen »Sand paintings« (Sandmalereien) auf den Boden. In Südindien werden mit Reispaste und farbigen Kräutern Mandalas, Yantras oder Kolams* auf einen heiligen Ort gezeichnet, um zum Beispiel den Schlangengott zu ehren. Nach verschiedenen Ritualen wird das Mandala von jungen Mädchen, die im Sitzen einen Tanz ausführen, bei dem sie in eine tiefe Trance fallen, mit dem Gesäß wieder ausgelöscht. Die im Westen bekanntesten Mandalas sind die prächtigen tibetischen Gemälde auf Mauern und Seidentüchern, die in vielen Klöstern zu finden sind und als Meditations- und Kontemplationsobjekte dienen.

Das Wort Mandala kommt aus dem Sanskrit und bedeutet heiliger oder magischer Kreis, Rad, Zentrum, das Wesentliche. Es ist also ein aus den östlichen Traditionen übernommener Begriff. Er bezeichnet sowohl die kreisförmigen Motive, die einer religiösen Tradition entstammen, als auch die in diesem Buch beschriebenen persönlichen, gezeichneten Mandalas, die der spontanen Intuition ihres Schöpfers entspringen.

Kultische Mandalas, wie sie zum Beispiel in Tibet und Indien verwendet werden, sind immer nach traditionellen Vorschriften in einer bestimmten Weise angefertigt und besitzen eine beschränkte Zahl von Motiven. Individuelle Mandalas können eine unbeschränkte Zahl von Motiven und Symbolen enthalten, da sie Ausdruck der Totalität des Individuums in seiner äußerlichen und innerlichen Weltwahrnehmung und Wahrnehmungswelt sind. Das persönliche Mandala stellt den Individuationsprozeß (die Selbstwerdung) eines Menschen dar; gleichzeitig enthält es Aspekte einer religiösen, spiri-

---

* Siehe hierzu die Erläuterung auf Seite 28, 72.

tuellen und psychologischen Symbolik, die der Intuition entsprungen sind, meditativen Charakter haben und zu einer Transformation führen können.

Die in Mandalas auftretende Symbolik ist stets archetypisch gefärbt, gleichgültig, ob das Mandala an strenge traditionelle Regeln gebunden oder eine freie Schöpfung der Phantasie ist. C. G. Jung zufolge sind Archetypen Urbilder ständig wiederkehrender Motive, die man in Mythen und Märchen der Weltliteratur antrifft und die zugleich spontan in Träumen, Phantasien, Visionen und Zeichnungen von Menschen unserer Zeit auftreten. Jung hat den Begriff »Mandala« in das westliche Denken eingeführt. Er selbst begann den Tag meist damit, daß er in seinem »Roten Buch« (eines seiner Tagebücher) eine symmetrische kreisförmige Zeichnung anfertigte, um Erkenntnisse über seine eigenen psychischen Prozesse zu gewinnen. Dabei entdeckte er, daß alle Schritte, die er ausführte, immer auf einen Punkt zurückführten, nämlich auf die Mitte. Er erkannte, daß das Ziel der psychischen Entwicklung das »Selbst« ist. Mittels des Mandalas führt der Weg stets zurück in die Mitte, zur Individuation der Persönlichkeit, zur psychischen Ganzheit. Das »Selbst« ist für Jung eine dem bewußten »Ich« übergeordnete Größe, die sowohl alle bewußten als auch die unbewußten Persönlichkeitsanteile umfaßt. Aus dieser Sicht ist das Selbst Mittelpunkt und Umfang zugleich. Jung hat durch das Studium von Mandalas aus verschiedenen Kulturen und der spontanen Äußerung seiner selbst und seiner Patienten in Zeichnungen, Tänzen und Träumen die Mandala-Symbolik umfassend erforscht. So konnte er die oft archetypischen Symbole entschlüsseln und uns einen Schatz an Erkenntnissen hinterlassen.

Das Mandala in seinen verschiedenen Erscheinungsformen

Aus dem oben Gesagten könnte der Eindruck entstehen, daß Mandalas nur aus der menschlichen Phantasie entstehen können. Dies ist jedoch keineswegs der Fall. In der ganzen Natur,

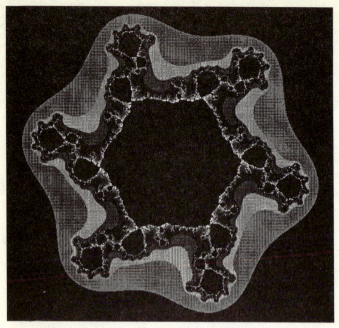
Am Computer entworfenes Fraktal

im Mikrokosmos wie im Makrokosmos, treten kreisförmige Muster auf, die sämtlich eine sehr symmetrische Struktur aufweisen und in individuellen Formen und Abwandlungen ständig wiederkehren. Durch das Studium dieser sich wiederholenden Muster gelangte der Mensch zu der Einsicht, daß allen diesen Mustern dieselben kosmischen Gesetzmäßigkeiten zugrunde liegen.

In der Naturbetrachtung begegnen wir Mandalas bei Blumen, Blattrosetten, Spinnweben, Augen, den Jahresringen der Bäume, Eiskristallen, durchgeschnittenen Äpfeln, den konzentrischen Kreisen eines ins Wasser geworfenen Steins, bei sichtbar gemachten akustischen Schwingungen, Kiwis, Gurken, Zellen, Atomen, Spiralnebeln, Sonnensystemen und so weiter. Als Fraktale werden stetig sich wiederholende Muster bezeichnet, deren Formen einander gleich bleiben, wie oft sie auch vergrößert oder verkleinert werden. Da sie von einem Mittelpunkt aus wachsen, können sie wunderschöne Mandala-Strukturen bilden. In der Natur tritt dies zum Beispiel bei Schneekristallen, Wellen, Wolken, beim Pflanzenwachstum und bei Wasserläufen auf. Am Computer kann man heute sehr kunstvolle Fraktale erzeugen, die wie spiralnebelartige Mandalas aussehen. Das erste Mandala, das der Mensch in seinem Leben erblickt, ist die Warze der Mutterbrust (beziehungsweise ihr Ersatz, der Sauger der Milchflasche), die Quelle des Lebens, aus deren Mitte die kostbare Nahrung strömt. Weiterhin findet man Spiralformen bei Schneckenhäusern, in der Draufsicht auf einen Tannenzapfen, bei Strudeln und Windhosen.

Sonne und Mond als magische Kreise

Sonne und Mond wurden, wie gesagt, schon in der Vorgeschichte in Form der an Höhlen- und Felswänden dargestellten Kreis- und Spiralformen als Mandalas abgebildet. Auch auf Gebrauchsgegenständen aus Stein, Knochen und Holz sind oft Sonne, Mond und deren Umlauf dargestellt. In vielen Kulturen in aller Welt wird die Sonne in Kreistänzen oder Sonnentänzen verehrt. Vor etwa fünftausend Jahren entstanden unter anderem in England und Irland Steinkreise, deren bekanntester *Stonehenge* ist. Nach vielen Spekulationen über den Ursprung und den Zweck dieses Steinkreises kamen Forscher zu dem Schluß, daß *Stonehenge* ein Sonnen -und Mondobservatorium darstellt, denn die Sonne geht zur Zeit der Sommersonnenwende um den 21. Juni stets über einem bestimmten Stein auf. Forschungen ergaben, daß sich mit diesen Steinkreisen sogar Mondfinsternisse vorhersagen ließen.

New Grange in Irland ist ein jungsteinzeitliches Heiligtum, ein rundes Kuppelgrab von achtzig Metern Durchmesser und 13 Metern Höhe, in dem während der Wintersonnenwende um den 21. Dezember die Sonnenstrahlen durch einen langen

Gang auf einen bestimmten Stein im Allerheiligsten des inneren runden Raumes fielen. Der inzwischen eingestürzte Gang wurde wieder ausgegraben, jedoch schlecht rekonstruiert, weshalb die Sonnenstrahlen nicht mehr an den Stein gelangen. Der Hügel war ursprünglich von einem Steinkreis von dreißig Megalithen (großen Steinblöcken) umgeben und mit einer Schicht weißem Quarzstein bedeckt, wodurch er weithin sichtbar war.

In den Niederlanden wurden in der Provinz Drenthe 1934 auf dem Ballooërveld (heute militärisches Übungsgelände) Ausgrabungen durchgeführt. Zwei runde Palisadengräber aus der Bronzezeit (ca. 1500-1400 v. Chr.), die in ostwestlicher Richtung miteinander verbunden sind, bilden offenbar ein Sonnenobservatorium. Die Pfostenreihe des kleineren Hügels bestand aus 16 Holzpfählen, deren Löcher vermutlich die 16 Striche der Kompaßrose bezeichnen. Der Hügel hat einen Durchmesser von etwa elf Metern. Der größere Hügel, etwa elf Meter östlich des kleineren gelegen, hat einen Durchmesser von fast 15,5 Metern, liegt etwas höher als der kleinere Hügel und besitzt 19 Palisadenlöcher. Die Tangenten, die durch das jeweils südlichste und nördlichste Pfostenloch der beiden Hügel gezogen werden können, schneiden einander an einem Punkt etwa sechzig Meter westlich des kleineren Hügels. Am 21. März (Frühlings-Tagundnachtgleiche) und am 21. September (Herbst-Tagundnachtgleiche) geht die Sonne genau hinter diesem Punkt unter.

Kreisformen im Alltagsleben

Wir sehen jeden Tag viele mandala-ähnliche Objekte, ohne uns darüber Gedanken zu machen. Wenn man jedoch genauer beobachtet, stellt man fest, daß alltägliche Dinge wie Kanaldeckel, Uhren, Räder, Regenschirme, Tafelgeschirr, das Riesenrad und das Kettenkarussell auf dem Jahrmarkt, das Kaleidoskop und der Kompaß kreisförmige Gestalt haben und oft auch mit symbolischen Figuren oder Speichen um einen zentralen Punkt versehen sind. Bei näherer Betrachtung zeigt sich, daß all diese Objekte verschiedene Aspekte unseres Lebens symbolisieren: Sie schützen, geben Zeit und Ort an, wir können uns in ihnen bewegen, sie schließen etwas ab oder verschaffen uns Vergnügen. In einem größeren Zusammenhang sieht man oft runde Formen im Grundriß von Städten, Dörfern, Festungen, Labyrinthen, Kräutergärten, Gebäuden, Tempeln und Stupas. Beispiele hierfür sind der buddhistische Tempelkomplex *Borobudur* auf Java, der Grundriß der hinduistischen Tempel in Indien, die niederländische Festungsstadt Naarden, der *Place de l'Etoile* in Paris, der Grundriß eines afrikanischen Krals und das indianische Tipi.

Mandalaformen in der europäischen Volkskunst

Die Grundlage der Mandalaform in der Kunst ist in der Vorgeschichte zu suchen, als der Höhlenmaler seiner künstlerischen Inspiration Ausdruck verlieh, indem er Sonnenräder und Spiralen, Götter, Menschen und Tiere darstellte. Später ließen sich Mandalas vielfältig in der Volkskunst und in religiösen Darstellungen finden. In der volkstümlichen Mal-, Stick- und Schnitzkunst, auf Fliesen und Majolika kommen in praktisch allen Kulturen der Welt kreisförmige symmetrische Muster vor.

Albrecht Dürer (1471–1528) hat vor allem durch seine Skizzenbücher für Maler, Möbelmacher und andere Handwerker, in denen dargestellt ist, wie geometrische Ornamente angefertigt werden sollen, zur Verbreitung kreisförmiger Mandalas in Europa beigetragen. Viele dieser Muster basierten auf uralten Formen, die im Baskenland, in Ungarn, Bayern, Österreich und in der Schweiz oft vorkamen und noch heute gebräuchlich sind. Die Nachfahren europäischer Einwanderer aus diesen Gebieten, die im 18. Jahrhundert im nordamerikanischen Staat Pennsylvania siedelten, verwenden bis auf den heutigen Tag diese kreis- und sternförmigen Symbole an ihren traditionell gebauten Bauernhäusern. Sie wollen damit unter anderem böse Geister vertreiben und eine gute Ernte sicherstellen. Sie nennen diese Muster »hexsigns«, Hexenzeichen. Dies ist ein Hinweis auf die magischen Bräuche der Bauernbevölkerung aus den Herkunftsländern der heutigen Bewohner.

Andere europäische Einwanderer führten in Nordamerika die »Quilts«, wattierte Patchwork-Decken, ein, auf denen die Muster oft sternförmig in der Mitte beginnen. Auf vielen volkstümlichen Stickereien, zum Beispiel bei Trachten, und in der ländlichen Malerei, insbesondere auf Möbeln, Gebrauchsgegenständen und Ostereiern erscheint der achtzackige Stern. Weiterhin kommen viele stilisierte Formen von Bäumen, Blumen, Tieren, Vögeln, Sonne und Mond vor. Diese Motive sind natürlich der Phantasie der Künstler entsprungen, basieren jedoch auf archetypischen Urbildern.

Viele Symbole werden zu magischen Zwecken verwendet. Der *Türkenbund* ist ein endloser Knoten mit fünf Buchten oder sechs ineinander geschlungenen Bahnen, die in einen Kreis gezeichnet oder in Holz eingeschnitten wurden. Diese Knotenornamente wurden in ganz Nordeuropa auf Gebrauchsgegenständen wie Holzschuhen und Fußstövchen angebracht. Der *Türkenbund* auf den Hochzeitsschuhen der Braut war in Verbindung mit ineinander geflochtenen Herzen das Symbol für eine glückliche Zukunft des jungen Paares.

Ab dem 16. Jahrhundert wurde die Phantasie des Einzelnen immer weniger gefordert, da es durch die Erfindung der Buchdruckerkunst immer neue Stick-, Zeichen-, Mal- und Holzschnittvorlagen gab, die jetzt im großen Stil vervielfältigt werden konnten. Hin und wieder entstand noch etwas Ursprüngliches, doch glichen sich die Mehrzahl der hergestellten Arbeiten wie ein Ei dem anderen. Auf den sogenannten Mustertüchern, die ab dem 17. Jahrhundert in Mode kamen, konnten Mädchen und junge Frauen ihrer Phantasie wohl noch bei der Auswahl der Farben und der Anordnung der Stickmuster freien Lauf lassen, doch wurden überwiegend vorhandene Motive nachgearbeitet. In der ersten Hälfte des 19. Jahrhunderts brachte ein Berliner Verleger kolorierte Vorlagen heraus. Diese Motive erfreuten sich in Westeuropa wie

Ornamentales Motiv einer Zunft

in den Vereinigten Staaten rasch großer Beliebtheit, bedeuteten aber gleichzeitig das Ende der eigenen Phantasie und des freien Stickens.

Hieran hat sich bis heute leider wenig geändert. Die Verarmung ist eher noch größer geworden, weil volkstümliche Stickerei und Malerei nicht mehr wie früher ganz selbstverständlich von allen ausgeübt werden, so daß Eltern und Lehrer die Grundlagen auch nicht mehr an die Kinder weitergeben können. Immerhin gibt es noch Bücher und Zeitschriften, die eine Inspirationsquelle zu diesem Thema sein können.

Erst zu Beginn des 20. Jahrhunderts gab es wieder Strömungen, die für ein intuitiveres Malen eintraten (unter anderem inspiriert durch die Maler Wassily Kandinsky, Paul Klee, Vincent van Gogh, Theo van Doesburg, den Schriftsteller Frederik van Eeden und Rudolf Steiner, den Begründer der Anthroposophie) und damit wieder bei einem breiteren Publikum Interesse am Spirituellen in der Kunst zu wecken versuchten. Von erheblichem Einfluß auf diese neuen Ideen in der Malerei war die Philosophie der *Theosophischen Gesellschaft,* wobei die hellsichtig wahrgenommenen Gedankenformen von Annie Besant und C. W. Leadbeater als Ausgangspunkt dienten.

In alten Kinderspielen und Volkstänzen findet sich noch eine reiche Symbolik, deren Grundlage der Kreis ist. Bekannte Kreisspiele sind »Bäumchen-Wechsel-Dich«, »Schau nicht um, der Fuchs geht um«, »Siebensprung«, »Ringlein, Ringlein du mußt wandern«, »Mein rechter, rechter Platz ist frei« und so weiter.

Eine besondere Tanzform ist der meditative Tanz der türkischen Derwische, die durch die Drehung um ihre eigene Körperachse die Bewegungen der Erde um die Sonne nachahmen.

In unserer Zeit hat der deutsche Choreograph Bernhard Wosien den Begriff »Sacred Dance« (Sakraler Tanz) eingeführt. Dabei werden sowohl traditionelle als auch von ihm selbst kreierte Tänze, die reich an Symbolen sind, in Kreis- oder Spiralform getanzt. Die Tänzer sollen dabei den Tanz als ein inneres Ritual erleben, wobei durch die ständig sich wiederholenden Bewegungen und Rhythmen ein meditativer Zustand entsteht, der es erlaubt, Gedanken loszulassen, und Körper und Geist miteinander zu harmonisieren.

Mandalas in der religiösen und alchimistischen Kunst Europas

Neben der an keltischen und germanischen Symbolen reichen Volkskunst der ländlichen Bevölkerung entstanden im mittelalterlichen Europa in den inzwischen weitgehend christianisierten Städten viele Gilden, Vereinigungen für bestimmte Künste, unter anderem für Malerei und Architektur. Die

Malerei, die sich überwiegend mit der Darstellung biblischer Szenen befaßte, vollzog durch Anwendung der Perspektive den Schritt von noch recht primitiv anmutenden Zeichnungen zu fast photographisch perfekten Gemälden. Die Architektur erblühte und ließ mächtige Kathedralen entstehen, die mit symbolischen und allegorischen Bildern, Fresken und Glasfenstern geschmückt wurden, insbesondere mit den sogenannten Rosetten.

Die Rosettenfenster sind die bekanntesten christlichen Mandalas in westeuropäischen Kirchen und Kathedralen; das Rosettenfenster der Kathedrale von Chartres ist das berühmteste, es stammt aus dem 13. Jahrhundert. Diese runden Glasfenster repräsentieren eine ewige Wahrheit, den Logos, das Wort. Hier steht Christus als der Logos im Zentrum. Oft steht auch Maria mit dem Kind als Muttergöttin an zentraler Stelle. Die Rose ist das Symbol der Liebe, und das Rosettenfenster bringt die Liebe zum Schöpfer zum Ausdruck. Damit sind die Rosettenfenster Symbole der göttlichen und kosmischen Einheit. In der frühchristlichen religiösen Kunst erscheinen außerdem runde und rechteckige Mandalaformen auf Ikonen, Siegeln und Kirchendecken, wobei Christus ebenfalls oft in der Mitte dargestellt wird, während in den vier Ecken die Evangelisten angeordnet sind. Ein ganz besonderes gesticktes Mandala stammt aus dem 11. Jahrhundert, es ist der in Spanien entstandene »Genesis-Teppich«. Er ist auf terrakottarotem Wollköper mit farbiger Wolle im Stiel-, Ketten- und Flachstich gestickt. Das Tondo in der Mitte zeigt Christus. Zwischen dem inneren und dem äußeren Kreis ist die Schöpfungsgeschichte dargestellt. In den Ecken des umgebenden Rechtecks sind vier Gestalten abgebildet, bei denen es sich vermutlich um die vier Evangelisten handelt. Der rechteckige Rand besteht aus viereckigen Blöcken, die verschiedene symbolische Darstellungen enthalten wie zum Beispiel das Jahr Annus, die vier Jahreszeiten, Samson, die Monate, die Paradiesflüsse und die Kreise, die den Tageslauf von Sonne und Mond symbolisieren (Dies solis und Dies lunae). Am unteren Rand ist der

Bildteppich beschädigt, doch ist noch gut erkennbar, daß dieser Teil die Auffindung des Kreuzes darstellt. Näheres über die Schöpfer und Benutzer dieses großartigen Mandalas ist leider nicht bekannt.

In dem Buch *Scivias* (Wisse die Wege) der mittelalterlichen Mystikerin, Seherin, Prophetin und Heilerin Hildegard von Bingen (1098-1179) finden sich eine Reihe von mit begleitenden Texten versehene Miniaturen, die einige der Mandalas wiedergeben, die sie in ihren Visionen sah. Die Abbildungen wurden von Miniaturistinnen des Benediktinerklosters angefertigt, dessen Äbtissin sie war, und dienten als Hilfsmittel zur Meditation. Die von Hildegard benutzte Symbolik entspringt zwar der christlichen Tradition, reicht aber viel tiefer und ist durch die Fülle der kosmischen und archetypischen Symbole in den Miniaturen sehr weit gespannt. Diese Bilder zeigen, daß Hildegard einen sehr guten Zugang zu ihrem eigenen und zum kollektiven Unbewußten hatte. Dargestellt sind hier unter anderem Sonne, Mond, Sterne, Planeten, Wolken, Feuer, Wind, Wasser, Tiere, Engel und in der Mitte Gott oder der Mensch als Symbol für die Menschheit.

Ein anderer Mystiker, der hermetische Philosoph und Alchemist Jakob Böhme (1574-1624) beschreibt in seinem Werk *Clavis* (Der Schlüssel) die Entstehung der Welt, wobei er dreizehn allegorische runde Stiche von Dionysius Freher als Illustrationen für seine Philosophie benutzt. Diese Stiche enthalten eine Fülle von Symbolen wie Kreise, Dreiecke, den sechszackigen Stern, Zahlen, astrologische Symbole, die Erde, die Sonne und den Menschen. Die westlichen esoterischen Traditionen wie zum Beispiel die Rosenkreuzer, die Kabbalisten und die Alchemisten hielten ihr Wissen und ihre Rituale im Mittelalter und in den darauffolgenden Jahrhunderten noch geheim, so daß erst später deutlich wurde, daß sie für ihre Kontemplationen, Meditationen und spirituellen Übungen Mandalas benutzten.

Damals wurden ihre runden Darstellungen natürlich noch nicht so genannt, erst heute erkennt und bezeichnet man sie als Mandalaformen. Auch hier tauchen wieder Zahlen, Pflanzen, Tiere und menschliche Gestalten (König, Königin, das Skelett) und symbolische Gegenstände wie Vasen, Kelche, Pokale, Flaschen, Kronen, Schwerter, Altäre, Quellen und Berge auf. Zu den Alchemisten des 16. und 17. Jahrhunderts, die Mandalas schufen, zählen unter anderem Robert Fludd und Matthäus Merian.

Östliche Mandala-Formen

Die tibetischen Mandalas sind im Westen zu den bekanntesten bildlichen Darstellungen aus dem Fernen Osten geworden. Diese Mandalas dienen als Hilfsmittel bei Zeremonien, Initiationsriten und Meditationen. Sie enthalten mehr oder weniger feststehende Symbole und Darstellungen von Gottheiten, wobei zum Beispiel ein einzuweihender Mönch lernen muß, die Weisheit, die zur Erlösung führt, zu ergründen. Der große äußere Kreis ist meist von einem Flammenkranz umgeben; innerhalb dieses Kreises befindet sich ein Viereck, das in vier Dreiecke unterteilt ist, die die vier Windrichtungen symbolisieren. Das Zentrum besteht oft aus einer Lotosblüte, in der eine Gottheit dargestellt ist. Da die Gestalten dieser Mandalas um einen zentralen Punkt gruppiert sind, haben sie symmetrische Form und vermitteln dadurch den Eindruck von Harmonie und Gleichgewicht. Weil sie den Kosmos im kleinen wiedergeben, werden sie auch Kosmogramme genannt. Die Mandalas können auf eine Wand oder auf Seide aufgemalt sein, aber auch mittels sehr feinem farbigen Sand oder Pulver auf den Boden aufgestreut werden.

Ein im Westen bekanntgewordenes Sandmandala-Ritual ist das Kalachakra-Mandala aus der tantrischen Anuttara-Yoga-Tradition. Das Mandala wird auf einem Tuch auf einem speziellen Tisch sorgfältig aufgebaut, was für sich genommen bereits ein Ritual ist. Im weiteren Verlauf der Zeremonie werden unter anderem Mönche initiiert. Schließlich wird das Mandala wieder zerstört, indem das Pulver in eine als Gottheit

Die Grundform eines tibetanischen Mandalas

gekleidete Vase gefegt wird. Das Ritual endet damit, daß der Inhalt der Vase in einen Fluß gestreut wird.

Mit dem Mandala verwandt ist das Yantra, das im Gegensatz zu dem kräftig bunten Mandala meist nicht farbig und kleiner ist, aber ebenfalls Figuren wie Kreise, Dreiecke und Vierecke und den Lotos enthält. Manche Yantras stellen bestimmte Gottheiten dar. Das bekannteste ist das Shri-Yantra, das das Gleichgewicht zwischen männlicher und weiblicher Energie darstellt. Es ist ein sehr wirksames und dynamisches Yantra, das den Nabel der Göttlichen Mutter repräsentiert. Die männliche Kraft (Shiva) wird durch vier Dreiecke mit nach unten weisender Spitze dargestellt, während die weibliche Kraft (Shakti) von fünf mit der Spitze nach oben weisenden Dreiecken symbolisiert wird. Yantras mit einem allgemeineren Charakter, die als Schutz vor Krankheit und Gefahren dienen, sind oft einfacher aufgebaut und werden vielfach mit Reispaste auf Mauern und Wände gemalt. In Südindien, insbesondere in der Provinz Tamil Nadu, sind diese Yantras und Mandalas sehr zahlreich anzutreffen und heißen dort »Kolam«.

Im japanischen esoterischen Shingon-Buddhismus, auch *Mikkyo* (geheime Lehre) genannt, ist das Mandala (japanisch: Mandara) die Quelle von Shakyamunis Erfahrung, als er durch Meditation unter dem Bodhi-Baum die Erleuchtung erlangte und den Namen Buddha erhielt. Das Wort Mandala hat in diesem Zusammenhang die Bedeutung »dasjenige, was die Essenz enthält.« In diesem Fall ist die Essenz Buddhas Erleuchtung, und der Ursprung der Erleuchtung ist das Mandala. Das Mandala ist der Nektar, der Tempel; es hat alle Kräfte der erleuchteten Wahrheit in sich vereint.

Aus den indischen Yoga-Schulen sind die sieben Chakras bekannt, die Energiezentren entlang der Wirbelsäule bis zum Gehirn. Die Chakras (wörtlich »Räder«) werden oft als Padmas oder Lotosse dargestellt, mandalaartige Figuren mit einer jeweils eigenen Symbolik (siehe dazu Kapitel 5).

Mandalaformen bei den indianischen Völkern Nord- und Mittelamerikas

Hier sind insbesondere die »Sand paintings« (Sandmalereien) zum Beispiel der Navajo-Indianer Nordamerikas zu erwähnen. Der Medizinmann zeichnet als schamananistischer Heiler bei bestimmten rituellen Ereignissen meist mit Sand ein Bild auf den Boden, manchmal auch auf Fellen oder Stoff, wobei er gelegentlich auch Maismehl, Blütenstaub verschiedener Blumen, pulverisierte Wurzeln und pulverisierte Rinde verwendet. Das Ritual, die Heilung des Kranken, der in der Mitte des Sandgemäldes sitzt, nimmt zwölf Stunden in Anspruch, danach wird das Gemälde wieder zerstört. Das Ritual ist heilig, und es werden keine fremden Zuschauer zugelassen, so daß diese Sandmalereien bisher relativ unbekannt geblieben sind; nur einige wenige Ausführungen sind unter dickem Glas in Museen zu sehen.

Bei den Sandmalereien stets wiederkehrende Symbole sind die vier Elemente Feuer, Wasser, Erde, Luft. Weitere Elemente sind Regenbogen, Sonne, Blitz, Pfeil und Bogen, Federn, Mais, Kräuter und Tiere wie Wolf, Bär, Kaninchen, Luchs, Adler, Habicht und die gefiederte Schlange. Rings um einen zentralen Punkt sind die vier Windrichtungen dargestellt, dann die verschiedenen oben genannten Symbole, und das Ganze ist oft noch mit einem runden oder viereckigen Regenbogen umgeben, der oben offen ist. Hierzu gibt es jedoch viele verschiedene Variationen.

In den Rocky Mountains wurden etwa fünfzig Steinkreise gefunden, die teilweise bis auf das Jahr 2500 v. Chr. zurückgehen und die das indianische »Medizinrad« darstellen. Sie bestehen aus einem Außenring von dreißig Metern und einem Innenring von drei Metern Durchmesser. Das Ganze ist durch achtundzwanzig Speichen miteinander verbunden, wobei der Innenring als 29. Speiche zählt, wodurch der Mondmonat symbolisiert wird.

Das Medizinrad ist ein wichtiger allgemeiner Begriff des indianischen religiösen, philosophischen und schamanistischen Brauchtums. Der Kreis ist das Universum, aber auch der Spiegel des Menschen, und jeder Mensch ist wiederum Spiegel eines jeden anderen Menschen. Überhaupt kann alles als Spiegel fungieren: ein Wolf, eine Geschichte, eine Religion oder ein Berggipfel. Das Medizinrad kommt unter anderem im Sonnentanz zum Tragen, in der runden Schwitzhütte, die als Reinigungsort zur Vorbereitung von Zeremonien dient, in den Medizinschilden, im Tipi, in der runden Trommel, in Körben mit eingeflochtenen Symbolen, im Tongeschirr, in den unterirdischen Kivas (den zeremoniellen Räumen, die die Unterwelt und den Schoß von Mutter Erde darstellen), im Kreislauf der

Jahreszeiten, in Geburt und Tod. Das Medizinrad ist reich an symbolischen Darstellungen, die wie folgt gegliedert werden können:

- Der *Norden* symbolisiert den Winter, hat die Farbe Weiß und wird vom Büffel beherrscht. Er ist der Ort der Weisheit;
- der *Osten* ist der Frühling; seine Farbe ist Gelb, das Tier ist der Adler, und er ist der Ort der Einsicht und Erleuchtung;
- der *Süden* ist der Sommer; seine Farbe ist Grün, das Tier ist die Maus, und er ist der Ort der Liebe, Unschuld und Familie;
- der *Westen* ist der Herbst; seine Farbe ist Schwarz, das Tier ist der Bär, und er ist der Ort der Heilung, Innenschau und des Todes.

Motiv auf einem Korb der Pima-Indianer, Arizona

Die Huichol-Indianer Mexikos pflegen ebenfalls alte Gebräuche und Rituale. Hierzu gehört etwa die Herstellung von »Yarn paintings« (Garngemälden), die teilweise eine runde und symmetrische Gestalt haben. Diese indianischen Mandalas heißen »Nealikas« und dienen zur Herstellung der Kommunikation zwischen dem Schamanen und der unsichtbaren Welt, um die Art der jeweiligen Krankheit zu erkunden und eine Therapie für sie zu finden. In der Symbolik des Nealika spiegelt sich die Vision, die man in der Peyote-Trance hat (der Peyote ist der narkotische heilige Wüstenkaktus). Im Mittelpunkt liegt der magische Spiegel, der die eine Wirklichkeit in die andere umwandelt. Zu den Symbolen, die in den Garngemälden erscheinen, zählen Vögel, Hirsche, Adler, Schlangen, Wölfe, Blumen, der Peyote-Kaktus, die Sonne, Schamanen, der Medizinkorb, Höhlen und die Muttergöttin Tacutsi. Die Garngemälde werden aus farbigen Garnen hergestellt, die mit einer Mischung aus Bienenwachs und Baumharz auf ein Brett geklebt werden. In dieser Weise stellen die Huichol auch ihre Erzählungen dar.

Das Mandala als ganzheitliches Prinzip

Wie oben angeführt, erhält man bei der Suche nach Ursprung, Vorkommen und Anwendung von Kreisformen und Mandalas eine unerschöpfliche Fülle von Informationen. Um zu vermeiden, daß man vor lauter Bäumen den Mandala-Wald nicht mehr sieht, werden im folgenden noch einige Mandala-Prinzipien ohne nähere Darstellung angegeben, um die Leser zu eigenen Erkundigungen in der einschlägigen Literatur anzuregen.

Zu den Schlüsselworten, die zum Mandala-Themenkreis gehören, zählen unter anderem Yin und Yang, I Ging, die auf den Boden gemalten »Dreamings« der australischen Aborigines, keltische Flechtarbeiten, der Maya-Kalender, der magische Kreis, den Wiccas (moderne Hexen) bei ihren Ritualen um sich visualisieren, und der Kreislaufgedanke im Zusammenhang mit der Wiederverwendung von Rohstoffen.

Yin / Yang

Auch Begriffe wie Lebenslauf, Reinkarnation, Familie, Gruppen (Schulklassen, Therapiegruppen, Versammlungen) und die Gesellschaft kann man als kreisläufige Prozesse oder Lebensformen deuten. Dieses Prinzip wurde bereits in dem Abschnitt über die Lebenseinstellung der nordamerikanischen Indianer erwähnt. In unserer westlichen Gesellschaft sind wir es allerdings nicht mehr gewöhnt, »rund« und ganzheitlich zu denken; bei uns steht die Geradlinigkeit im Vordergrund das Denken in »Vierecken« (unsere Häuser, Wohnungen, Wohnviertel, das »Kästchendenken«).

Zusammenfassend kann man sagen, daß Mandalas in unserem Leben allgegenwärtig sind, doch müssen wir uns wieder für sie öffnen, damit wir sie auch wahrnehmen und innerlich erleben können. Einerseits werden wir von den uns umgebenden Menschen und Situationen in einer mehr oder weniger fruchtbaren Wechselwirkung beeinflußt. Andererseits wird von uns eine aktive Suche nach Alternativen sowohl im gesellschaftlichen Zusammenhang als auch in uns selbst verlangt. Das verweist uns auf die uralte Forderung: »Verändere die Welt, doch beginne bei dir selbst!« Nichts ist allerdings so schwierig wie dies!

Geometrisches sternförmiges Mandala

2.
Das Anfertigen von Mandalas als besinnlicher Prozeß

Es ist offenbar keine bloße Modeerscheinung, daß immer mehr Menschen Freude daran haben, selbst Mandalas anzufertigen. Im vorigen Kapitel wurde gezeigt, daß es sich hier um archetypische Bilder in Gestalt eines Kreises mit einem Mittelpunkt handelt, in dem weiterhin Symbole wie Kreuze, Dreiecke und Vierecke erscheinen, und diese Bilder sind offenbar schon seit Menschengedenken in der ganzen Welt verbreitet.

Mandalas, die der niederländische Maler Pieter Torensma als »Heilbilder« bezeichnet, sind Ausdruck des inneren Bedürfnisses des Menschen nach Ganzwerdung und Einheit. In Zeiten von Krankheit, persönlichen Krisen, Niedergeschlagenheit, bei Scheidung, Krieg und Katastrophen sind Menschen vom Verlust ihrer inneren Orientierung bedroht, und sie brauchen die heilende Wirkung von Ruhe, Stille und Besinnung, um zu sich selbst, in ihre Mitte, zu kommen. Vielen Menschen gelingt es, durch künstlerische Therapien ihr seelisches Gleichgewicht wiederzuerlangen. Dies erklärt, warum heute Kurse und Workshops für meditatives Malen, intuitives Zeichnen und die Anfertigung von Mandalas immer mehr Zulauf finden.

Die Anfertigung von Mandalas kann einem Menschen viel Freude und Erfüllung schenken; es kann ein schönes Hobby sein, das man nicht unbedingt in einem Kurs oder im Rahmen einer Therapie zu lernen braucht. Viele Menschen entschließen sich, selbst zu experimentieren und beginnen einfach, wobei sie bei Bedarf Abbildungen in einem Buch über Mandalas zu Hilfe nehmen. Viele sind sehr erstaunt darüber, daß die runde symmetrische Zeichnung oder die Stickarbeit, die sie spontan und ohne nachzudenken angefertigt haben, ein Mandala ist, und daß darin ihre eigene Lebensgeschichte verborgen liegt.

Das Mandala als Widerspiegelung des inneren Lebens

Das Mandala ist der sichtbare Verarbeitungsprozeß für oft noch unbewußte, dicht unter der Oberfläche des Bewußtseins liegende bedeutsame Elemente im Leben des Einzelnen. Es ist Ausdruck des Mikrokosmos im Inneren des Menschen, der sich in Formen, Symbolen und Farben und in deren innerem Zusammenhang offenbart. Es wirkt als Brennpunkt, als Vergrößerungsglas, das auf das Innere gerichtet wird und sichtbar macht, was sich zu einem bestimmten Zeitpunkt innerhalb der Psyche abspielt. Das Mandala ist damit ein Spiegel der Seele.

Der Prozeß der Verarbeitung und Transformation der unbewußten Bilder drückt sich durch das Sichtbarwerden von Symbolen aus, die im Mandala erscheinen. Bei der Anfertigung von Mandalas sollte man sich darüber im klaren sein, daß dieser Prozeß, wenn er einmal in Gang gekommen ist, manchmal schwierig zu beenden ist. Wahrscheinlich wäre es auch nicht klug, ihn abzubrechen, denn er leitet oft eine neue Phase im Leben ein, in der offenbar tief im Unbewußten Verborgenes bewußt erlebt und verarbeitet werden kann. Grundmuster und ständig wiederkehrende Themen werden als roter Faden erkennbar, der durch das eigene Leben verläuft und mit dem roten Faden anderer Menschen verflochten ist. In dieser Weise werden sowohl durch die selbständige Anfertigung eines Mandalas als auch durch die Betrachtung der Mandalas anderer Menschen heilsame Bilder und transformierende Kräfte wachgerufen. Diese können einen Bewußtwerdungsprozeß auslösen, durch den das Leben eines Menschen eine ganz neue Richtung erhalten kann.

Das Nachbilden eines Mandalas ist im allgemeinen wenig sinnvoll. Es ist nur eine Kopie und nicht die einzigartige Hervorbringung des eigenen Geistes und der eigenen Phantasie. Trotzdem kann es für Menschen, die Schwierigkeiten haben, in Kontakt mit dem eigenen schöpferischen Kern zu treten, hilfreich sein, zunächst ein Mandala nachzumachen oder ein vorgedrucktes Mandala nach eigener Wahl farbig auszugestalten. In diesem Fall liefert es einen Anreiz, zu experimentieren und die Freude am Farbenspiel zu erleben.

Doch auch die selbstgemachten Mandalas sind nicht alle gleichermaßen seelenvoll. Vielleicht wollte man bei dem einen oder anderen Mandala etwas »Schönes« machen oder eine neue Technik ausprobieren. Wenn man die Technik ausreichend beherrscht und sich von den Gedanken lösen kann, ein Kunstwerk schaffen zu wollen, hat die Hingabe an den Prozeß, die natürliche Beseelung, eine Chance. Das Resultat ist dann ein lebendiges und einzigartiges Mandala, das das Innere anspricht und durch seine schwingende Ausstrahlung transformierende Wirkung hat. Ob man ein Mandala dann »schön« findet oder nicht, spielt in diesem Fall überhaupt keine Rolle mehr.

Die Symbolik der Muster und Farben des Mandalas muß durchaus nicht immer sofort sichtbar und bewußt sein. Oft wird erst zu einem späteren Zeitpunkt plötzlich klar, was ein bestimmtes Symbol und eine bestimmte Form oder Farbe in diesem Zusammenhang zu sagen haben.

Bei der Arbeit an einem Mandala können die verschiedensten Gefühle an die Oberfläche kommen: innere Ruhe, Friede, Liebe, Freude, aber auch Zorn, Angst, Haß und Wut. Wenn diese Gefühle zugelassen werden, können sie bewußt erfahren werden, wodurch die Möglichkeit einer Verarbeitung oder Transformation entsteht. Darin besteht die ganz- und heilmachende Wirkung des Mandalas.

Um für die Anfertigung eines Mandalas ein offenes Bewußtsein und eine intuitive Haltung zu erzeugen, ist es wichtig, sich in einen meditativen, besinnlichen Zustand zu versetzen. Daher sollte man dafür sorgen, daß man nicht gestört werden kann, und daß die Atmung regelmäßig ist. Auch schöne Musik, Kerzenlicht, Weihrauch oder Duftlämpchen erzeugen eine gute Atmosphäre. Weiterhin sind in Kapitel 7 einige Entspannungs- und Visualisierungsübungen angegeben.

Experimentieren mit intuitiven und kreativen Techniken

Braucht man für die Anfertigung eines Mandalas einen Plan oder nicht? Die Antwort hierauf ist einfach: Alles ist möglich. Grundsätzlich spielt es keine Rolle, wie das Mandala konzipiert wird. Das Ergebnis ist doch immer Ausdruck desjenigen, was sich in der Seele abspielt. Deshalb kann man ohne weiteres einmal mit verschiedenen Verfahren und Techniken zur Anfertigung eines Mandalas experimentieren. Eine ausführliche Übersicht über die Möglichkeiten verschiedener kreativer Techniken wie Zeichnen, Malen und Sticken findet sich in Kapitel 3.

Allerdings enthält ein rein intuitiv und ohne vorgefaßten Plan hergestelltes Mandala oft mehr kreative Aspekte und aussagekräftigere Symbole als ein vorab konzipiertes und dadurch vielleicht stärker durchstrukturiertes Mandala. Zudem braucht ein Mandala nicht immer zum Zeitpunkt der Anfertigung erdacht zu werden, nicht selten sieht man in einem Traum oder in einer (geführten) Visualisierung ein wunderbares Mandala, das man dann mit der einen oder anderen kreativen Technik verwirklichen möchte. Als nächstes sollte man sich die Frage stellen, wo man mit einem Mandala beginnt, ob man von innen nach außen oder von außen nach innen arbeitet. Dies ist durchaus nicht gleichgültig. Ein Mandala, bei dem man in der Mitte beginnt, läßt nach außen dringen, was im Inneren verborgen ist. Dabei kommt eine Energie zum Ausdruck, die sich manifestieren und in der Außenwelt zeigen will. Das Selbst äußert sich und wird sichtbar. Ein Mandala, bei dem man am Umfang beginnt, ist mehr auf Innenschau gerichtet, auf die Bündelung zerstreuter Energie, auf die Konzentration von Gedanken und Ideen.

Manchmal will es einfach nicht gelingen, ein Mandala von innen oder von außen zu erschaffen. Dies kann der Fall sein, wenn jemand seelisch oder körperlich nicht ganz im Gleichgewicht ist. Dann sollte man erst den Umfang zeichnen, um dadurch einen sicheren Lebens- und Arbeitsraum zu schaffen, der durch seine Begrenzung bereits eine gewisse Ruhe erzeugen kann. Anschließend zeichnet man innerhalb des Kreises etwas, mit dem man sich in diesem Augenblick beschäftigen muß. Dies können je nach dem seelischen Zustand ganz verschiedene Dinge sein. Man kann wirre Krakel zeichnen, unregelmäßige Formen, die anscheinend keinen Zusammenhang haben, Farbflächen, die sich »beißen«. Die Zeichnung kann sich dabei über den Umfang hinaus ausdehnen, es könnte aber auch ein kindliches Haus/Baum/Hund-Bild entstehen. Dabei braucht noch keineswegs auf die für Mandalas typische Symmetrie geachtet zu werden. Vielleicht muß man erst eine Reihe solcher Zeichnungen anfertigen, bis sich die Ruhe einstellt, die man braucht, um in sein eigenes inneres Zentrum zu gelangen. Erst dann gelingt es möglicherweise, ein symmetrisches Mandala vom Mittelpunkt oder vom Umfang aus herzustellen. Auch die Wahl der Technik ist dabei ausschlaggebend, wie der Prozeß letztlich abläuft. Das Zeichnen mit Bleistift und das Sticken mit Kreuzstichen eignet sich zum Beispiel hervorragend für kleine Details, während man mit Öl- oder Wachspastellkreiden schnell große Flächen einfärben und sich dann den Details zuwenden kann. Von der Technik hängt es auch ab, wie lange man für ein Mandala braucht. Das Sticken eines Mandalas kann Wochen und Monate dauern, während ein gezeichnetes oder gemaltes Bild innerhalb weniger Stunden fertig sein kann. Zu Beginn wird sehr schnell der Kern des Mandalas entstehen und eingefärbt werden; mit zunehmender Dauer geht es langsamer voran. Natürlich spielt es auch eine Rolle, wie groß das Mandala ist und wieviele Details man ausführen möchte.

Widerstände und Emotionen

Manche Farben und Formen entstehen ganz einfach und spontan, während andere, wiewohl sie intuitiv gewählt wurden, Widerstände auslösen. Zu einem bestimmten Zeitpunkt kann dabei eine Abneigung gegen das ganze Mandala entstehen. Dieses Gefühl des Widerwillens kann sogar so stark werden, daß der Drang entsteht, das Mandala zu vernichten, es wegzuwerfen, die Fäden herauszuziehen oder es zu übermalen. Man braucht sich dadurch nicht beunruhigen zu lassen; dies gehört einfach zum Prozeß. Es kommen hier Schattenseiten von Emotionen an die Oberfläche, die beachtet oder verarbeitet werden wollen. Es ist daher in einem solchen Fall wichtig, erst recht weiterzumachen und das Mandala zu vollenden, auf den inneren Prozeß zu achten und gegebenenfalls mit anderen darüber zu sprechen. Dies kann zu einer Klärung der inneren Vorgänge führen.

Bei der Anfertigung eines Mandalas ist es wichtig, im Hier und Jetzt zu bleiben. Manchmal schweifen die Gedanken ab, und man denkt unwillkürlich schon an die nächste Form oder Farbe. Dann ist es wichtig, sich wieder zu sammeln und konzentriert weiterzuarbeiten. Man hat nicht ohne Grund in diesem Augenblick eine bestimmte Farbe und Form gewählt. Was später folgt, ist jetzt noch nicht wichtig.

Wenn man bei einem Mandala einen »Fehler« gemacht hat, muß man sich auch fragen, ob man wirklich aufmerksam war. Waren die Gedanken überall und nirgends, oder gab es eine innerliche Diskussion? Handelt es sich überhaupt um einen Fehler oder ist es ein Signal aus dem eigenen Unbewußten, aufzuwachen und einer bestimmten Tatsache ins Auge zu sehen? Jedenfalls ist jetzt etwas dazwischengekommen, und es ist die Frage, wie es weitergehen soll. Geübte Mandala-Maler ändern den Fehler meist nicht oder wiederholen ihn sogar einige Male. Später, wenn das Mandala fertig ist, paßt er vielleicht doch ganz gut ohne zu stören in das Gesamtbild. Andererseits gibt es kein unumstößliches Gesetz, das fordert, man solle jetzt den Fehler andauernd betrachten. Man kann ihn berichtigen, dies bedeutet für das Mandala: ausradieren, Fäden herausziehen, übermalen oder in einer originellen, kreativen Weise überspielen.

Bei dieser Arbeitsweise geht es nicht darum, schöne Kunstwerke zu schaffen, sondern darum, intuitiv Farben und Formen entstehen zu lassen. Bei diesem Verfahren steht also nicht das Ergebnis im Vordergrund, weshalb man das Mandala auch nicht auf seinen künstlerischen Wert hin beurteilen sollte. Im Mittelpunkt steht das Tun, das reine Tätigsein, wodurch man ungeahnte kreative Quellen erschließen kann. Letztendlich weiß man nicht, welche künstlerischen Leistungen auf diese Weise dennoch entstehen können!

Wahl des Themas

Man kann ein Mandala erstellen, ohne an ein bestimmtes Thema zu denken. Damit erhält man ein neutrales Bild der augenblicklichen Situation. Es ist jedoch auch möglich, ein Mandala bestimmten Aspekten des Lebens – Beziehungen, den Chakras oder anderen Themen – zu widmen (zum Beispiel einem Horoskop, einer Jahreszeit, der Erde, den Elementen, Zahlen, Märchen oder Blumen). Das Mandala kann einen Namen oder Titel haben. Dieser kann schon vorab bekannt sein, während des Prozesses entstehen oder später gewählt werden.

Betrachtung und Analyse des Mandalas

Schon bei der Anfertigung des Mandalas können bestimmte Symbole und Muster sichtbar werden und ein Grundthema oder eine Wechselbeziehung erkennen lassen. In einem Tagebuch kann man festhalten, welche Gefühle sich bei der Auswahl und Anwendung von Farben und Formen regten. Aufnahmen von den verschiedenen Stadien des Mandalas können das Ganze illustrieren. Dadurch schafft man sich die Möglichkeit, den eigenen Mandala-Prozeß von Beginn an zu verfolgen, die Aufzeichnungen später nochmals durchzulesen und sie schließlich bei der Analyse des fertigen Mandalas mit heranzuziehen. Für die Beurteilung und Analyse des vollendeten Mandalas macht man sich am besten ein Verzeichnis aller vorkommenden Farben, Formen, Symbole und Zahlen in der Reihenfolge ihrer Wichtigkeit. Es empfiehlt sich, alle Assoziationen zu bestimmten Formen, Farben und Symbolen erst im Bewußtsein wach werden zu lassen, dann aufzuschreiben und zu versuchen, den inneren Zusammenhang festzustellen, bevor man zur Deutung verschiedener Symbole Kapitel 4 oder ein anderes Buch heranzieht. Lassen Sie zuerst Ihr eigenes Wissen über Symbole und Archetypen zum Zuge kommen. Manchmal hat dies seine Tücken, weil Symbole oder Formen nicht immer sofort sichtbar sind. Einige »Kleckse« nebeneinander bilden manchmal eine wunderschöne Blume, die erst später erkannt wird. Die nachfolgenden Fragen können bei der Analyse des Mandalas helfen:

Welche Gefühle traten bei der Verwendung der verschiedenen Farben oder bei der Anfertigung bestimmter Symbole auf? Dies kann man gegebenenfalls im Tagebuch nachlesen.

Was bedeutet mir diese Farbe und dieses Symbol in diesem Augenblick? Wie habe ich gearbeitet? Ruhig, gehetzt, fanatisch, chaotisch, geradlinig und so weiter?

Wie habe ich auf einen Fehler im Mandala reagiert?

Welche Widerstände weckten bestimmte Symbole oder Farben?

Wo war der Anfangspunkt? In der Mitte, am Umfang oder irgendwo anders?

Gibt es im Mandala eine Symmetrie, und wie ist diese aufgebaut?

Welche Zahlenwerte kommen im Mandala vor?

Gibt es scheinbar zusammenhanglose Formen, die miteinander im größeren Zusammenhang eine ganz neue Form oder ein Symbol erkennen lassen?

Kapitel 6 enthält eine Deutung des Mandalas auf der vorderen Umschlagseite dieses Buches sowie eine kurze Beschreibung der Mandalas auf den farbigen Seiten.

In dieser Weise kann man sich ein Selbstbild veranschaulichen, das jedoch nicht statisch ist. Wenn man einen Monat oder ein Jahr später dieselben Fragen nochmals stellt, gibt es möglicherweise ganz andere Antworten, oder es sind völlig andere Erkenntnisse über bestimmte Aspekte entstanden. Das Mandala ist wie das Leben ein Prozeß in ständiger Bewegung.

Indianisches Motiv aus dem 15. Jahrhundert mit den vier Windrichtungen

3.
Das Anfertigen von Mandalas als schöpferischer Prozeß

Jeder Mensch hat die Fähigkeit zu schöpferischem Tun. Dies äußert sich in ganz unterschiedlicher Weise, durchaus nicht nur in bildender Kunst und Musik: Kreativität zeigt sich auch in einer Begabung zu kochen, zu organisieren, Kinder aufzuziehen oder in einem Beruf Selbstverwirklichung zu finden.

Kreativität beruht auf dem natürlichen Antrieb des Menschen, ganz aus dem Nichts Gedanken und Gefühle auszubilden, sich in diese einzuleben, sie auszuleben und an ihnen auch etwas zu erleben. Durch schöpferisches Tun wird die Quelle zu den unbewußten verborgenen Möglichkeiten der Äußerung von Elementen aus dem Unbewußten erschlossen, die oft noch nicht verbal ausgedrückt werden können, durch das schöpferische Tun aber sichtbar werden. Die Seele schafft einen Entwurf, der eine einmalige Hervorbringung ist, eine Besonderheit des betreffenden Menschen selbst, in der er sich manifestiert und sich von anderen Menschen wie durch seinen Fingerabdruck unterscheidet. Schöpferisches Tun ist eine Äußerung von Gefühl und Intuition, wobei man nicht an das Ergebnis denkt, sondern spontan aus einem natürlichen Prozeß etwas entstehen und sich entwickeln läßt. Sobald man zielstrebig an einem vorab konzipierten Objekt arbeitet, sind Wollen und Denken beteiligt. Einen solchen Prozeß könnte man eher als Erfinden oder Konstruieren bezeichnen.

Die Rolle der beiden Gehirnhälften

Die wissenschaftliche Erforschung der Funktionen der beiden Gehirnhälften und ihres Zusammenspiels ist noch in vollem Gange. Grundsätzlich kann man jedoch bereits sagen, welche Rolle die beiden Gehirnhälften bei schöpferischen Prozessen spielen.

Bei den meisten Menschen hat die Denkfunktion ihren Sitz in der linken Gehirnhälfte. Diese Gehirnhälfte ist für Analyse, Logik und Mathematik zuständig. Weiterhin befindet sich hier das Sprachzentrum, das unsere Sprechfähigkeit regelt. Die rechte Gehirnhälfte ist für Gefühle und nichtverbale Ausdrucksfähigkeiten, für optische und räumliche Wahrnehmung, Träume, Zuneigung, Sexualität, Spiritualität, Phantasie, Intuition, Kreativität und Emotionen zuständig.

In der westlichen Gesellschaft ist bei den meisten Menschen die linke Gehirnhälfte stärker entwickelt, weil sie in der Erziehung, in der Schule und am Arbeitsplatz am meisten gefordert wird. Als Kind und später als Erwachsener muß man gut lernen, eine rasche Auffassungsgabe haben und logisch denken können, während Gefühle, soziale Fähigkeiten und Kreativität einen zu geringen Stellenwert besitzen und kaum gefördert werden. Viele Menschen, Männer mehr als Frauen, leiden dadurch an einem Mangel an Phantasie; ihre Gefühle sind blockiert, ihre Intuition ist unterentwickelt, wodurch ihre schöpferischen Fähigkeiten nicht zum Tragen kommen.

Idealerweise arbeiten die beiden Gehirnhälften gut zusammen, so daß der ganze Mensch eine ausgeglichene Persönlichkeit darstellt. Menschen mit einer ungenügend entwickelten rechten Gehirnhälfte können diese durch bestimmte Übungen stimulieren. Einige Möglichkeiten hierzu sind schöpferische Visualisierung, Meditation, Erinnerung an Träume und deren Analyse, Körperarbeit und Bioenergetik, der Genuß schöner Musik, schöpferischer und künstlerischer Ausdruck, zum Beispiel durch die Anfertigung eines Mandalas.

Die Betrachtung oder, besser noch, das minutenlange Einprägen eines einfachen symmetrischen Schwarzweiß-Mandalas kann die Kreativität anregen. Indem man sich zunächst auf den Mittelpunkt, dann auf das ganze Mandala konzentriert, ohne die Formen zu analysieren, entsteht ein meditativer Zustand, bei dem sich die linke Gehirnhälfte entspannen kann, so daß die rechte Gehirnhälfte zum Zug kommt. Dies fördert die Ruhe des Geistes, die für das Spiel von Phantasie und Intuition unerläßlich ist.

Menschen mit schweren emotionalen Problemen oder einer psychotischen Veranlagung wird im allgemeinen davon abgeraten, die rechte Gehirnhälfte zu stimulieren, da diese bereits überlastet ist. Für sie ist es besser, möglichst unter Anleitung eines Therapeuten Übungen durchzuführen, die die linke Gehirnhälfte stimulieren, wodurch das Zusammenspiel ihrer Gehirnhälften und damit ihrer Emotionen und Verhaltensweisen verbessert wird. Dies kann man unter anderem durch das Zeichnen von Mandalas und geometrischen Formen erreichen.

Eine Fülle von Mandalas mit unterschiedlicher Struktur und Gestaltung

Wenn jemand sagt: »Ich mache Mandalas«, scheint die Aussage klar zu sein. Menschen, die wissen, was ein Mandala ist, machen sich eine bestimmte Vorstellung und nicken verständnisvoll.

Mandalas gibt es jedoch in ebenso vielen Erscheinungsformen, wie es menschliche Stimmungen und Einsichten gibt. Die Grundform des Mandalas ist, wie wir gesehen haben, der Kreis mit dem Mittelpunkt und der vierfachen Symmetrie. Wenn man jedoch intuitiv ein Mandala anfertigt, ist die fertige Form manchmal oval, quadratisch, achteckig oder ganz anders. Es ist auch möglich, daß man überhaupt keinen Mittelpunkt feststellen kann. Man kann ein Mandala mit einem bestimmten Vorsatz anfertigen, beispielsweise aus den vielen

Möglichkeiten eine Auswahl zu treffen, oder aber einfach mit dem Mandala beginnen und zusehen, was entsteht.

Am häufigsten kommen folgende Mandala-Formen vor:
1. Kreis mit Mittelpunkt und einer vierfachen Symmetrie mit abstrakten oder konkreten Formen;
2. Kreis mit Mittelpunkt ohne Symmetrie mit abstrakten oder konkreten Formen;
3. Kreis mit Mittelpunkt mit einer zwei-, drei-, fünf-, sechsfachen oder höheren Symmetrie;
4. Kreis ohne Mittelpunkt mit abstrakten oder konkreten Formen, die anscheinend nichts miteinander zu tun haben;
5. Kreis ohne Mittelpunkt mit abstrakten oder konkreten Formen, die sichtbar miteinander zusammenhängen und eine erkennbare Situation, Stimmung oder Geschichte darstellen;
6. sonstige Formen wie Vierecke, Ovale, Sechs- oder Achtecke mit oder ohne Symmetrie und abstrakten oder konkreten Formen.

Bei den letztgenannten Kategorien gelangt man an die Grenze, was gerade noch und gerade nicht mehr als Mandala bezeichnet werden kann. Es stellt sich hier auch die Frage, worin grundsätzlich der Unterschied zwischen einem reinen Mandala (das heißt einem Kreis mit Mittelpunkt und einer vierfachen Symmetrie), einer Haus/Baum/Hund-Zeichnung in einem Kreis und einer intuitiv angefertigten Zeichnung auf einem rechteckigen Stück Papier ohne Kreis oder Symmetrie, jedoch mit symbolischen Darstellungen liegt. Hierauf kann man antworten, daß sich ein Mandala von anderen intuitiven Zeichnungen oder Schöpfungen dadurch unterscheidet, daß sich das entscheidende Etwas innerhalb des Kreises in einem sicheren und begrenzten Lebensraum »abspielt«, so daß keine Energie verloren gehen kann. Es gibt beim Mandala einen Mittelpunkt als Symbol für das »höhere Selbst« oder den »kosmischen Funken« des Zeichnenden, oder auch ein »Fenster« zu einer anderen, transzendenten Welt der Phantasie und Intuition. Innerhalb des Kreises besteht eine charakteristische Vierteilung als Symbol für die vier Windrichtungen, die vier Elemente oder die vier Jahreszeiten, wodurch sich der symbolische Inhalt der Darstellung viermal offenbart. Die symmetrischen abstrakten oder konkreten Formen aus dem persönlichen und kollektiven Unbewußten verwandeln sich zu den im Mandala sichtbar gewordenen Symbolen. Durch den Mittelpunkt und die um dieses Zentrum angeordneten, sich viermal wiederholenden Bilder, wird in einem Mandala eine tiefe und dynamische Bewegung erzeugt, die durch die darin eingewobene Kreuzform die linke und die rechte Gehirnhälfte miteinander harmonisieren kann. Ein solches Mandala ist schön anzusehen, und es geht von ihm eine heilende Wirkung aus.

Erst wägen, dann wagen!

Der Ablauf des kreativen Prozesses hängt weitgehend davon ab, wie man das Mandala beginnt. Hierfür gibt es keine festen Regeln, weshalb man sich vorher überlegen muß, welche Arbeitsweise und Technik man anwenden möchte. Folgende Vorgehensweisen sind möglich:

1. Um ganz intuitiv ein symmetrisches Mandala zu erzeugen, nimmt man ein leeres Blatt Papier oder ein leeres Stück Stickstramin, und wählt spontan die Mitte ohne Hilfsmittel wie Zirkel oder Lineal. In diese Mitte setzt man dann den ersten Punkt beziehungsweise das erste Kreuz. Zu Beginn empfiehlt es sich, nicht mehr als sechs verschiedenfarbige Buntstifte, Farben oder Stickgarne bereitzulegen. Man beginnt mit der Farbe, von der man sich am meisten angezogen fühlt. Dann arbeitet man vom Mittelpunkt aus eine Linie oder Figur nach oben, ohne sich Gedanken darüber zu machen, wie diese aussehen soll. Bleistift, Pinsel oder Nadel sollen selbst ihren Weg finden. Beobachten Sie, was entsteht! Wiederholen Sie dies noch dreimal: nach unten,

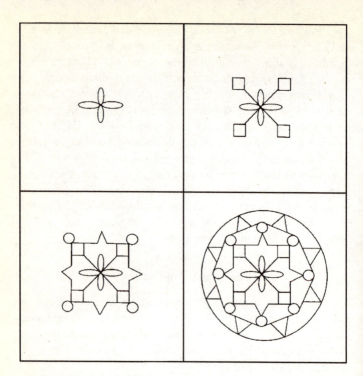

Beispiel für den schematischen Aufbau eines intuitiv gezeichneten Mandalas (© Anneke Huyser)

nach links und nach rechts. Wählen Sie dann andere Farben, ebenfalls wieder ganz intuitiv, wobei es ganz gleichgültig ist, ob die Farben lehrbuchmäßig zusammenpassen oder nicht. In *diesem* Augenblick wollen Sie mit *dieser* Farbe arbeiten. Versuchen Sie, sich von allen überflüssigen Gedanken zu befreien; es ist wichtig, daß Sie die ganze Aufmerksamkeit ständig auf das Mandala gerichtet halten. Dann ist die Anfertigung eines Mandalas eine spannende, überraschende, aber auch entspannende Beschäftigung, an der man viel Freude und Befriedigung empfinden kann. Halten Sie gegebenenfalls Gefühle und Erkenntnisse während der

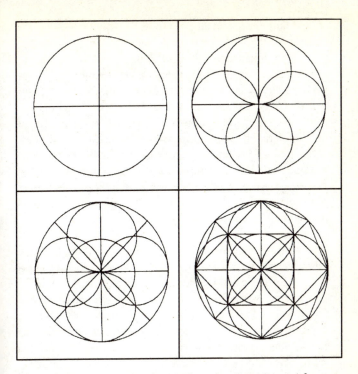

Beispiel für den schematischen Aufbau eines intuitiv gezeichneten Mandalas (© Anneke Huyser)

Anfertigung des Mandalas in einem Tagebuch fest, und machen Sie Aufnahmen der verschiedenen Stadien. Je mehr das Mandala wächst, desto mehr Detailformen können entstehen. An einem bestimmten Punkt stellt sich das Gefühl ein, daß das Mandala fertig ist. Auch hier besteht wiederum keine feste Regel, welchen Umriß und welche Form es haben soll. Man kann das Mandala mit einem freihändig gezeichneten Kreis, aber auch mit einem Viereck, einem Achteck oder einer anderen Form abschließen. Manche Menschen machen einfach weiter, bis das Papier beziehungsweise der Stramin voll ist.

2. Wenn man ein Mandala vom äußeren Rand her anfertigt, kann ein ganz anderer Prozeß ablaufen. Nehmen wir als Ausgangspunkt einen mit dem Zirkel geschlagenen Kreis. Wenn man durch den Mittelpunkt eine senkrechte und eine waagerechte Linie zieht, erscheint in dem Kreis ein Kreuz. Auf dieser Grundlage können mit Hilfe von Zirkel und Lineal oder freihändig Linien, Dreiecke, Vierecke, Kreise oder andere Figuren in das Mandala gezeichnet werden. Danach wird das Mandala mit Bleistift, Farbe, Kreide oder Stickgarn in den gewünschten Farben ausgefüllt. Dieser Prozeß ist etwas weniger intuitiv und stärker strukturiert, doch auch hier können Formen und Farbenkombinationen unerwartete Symbole zum Vorschein bringen.

3. Eine dritte Möglichkeit ist ein Schablonen-Mandala. Man kann hierzu einen Kreis ziehen, dies ist jedoch nicht unbedingt erforderlich. Dann zeichnet man auf ein Stück dünne Pappe eine oder mehrere Formen und schneidet sie aus. Diese Schablone wird anschließend vom Mittelpunkt aus im Kreis weitergeschoben und die Figur gezeichnet, bis der Kreis vollendet ist. Das so entstandene Muster läßt sich mit intuitiv gewählten Farben ausfüllen. Durch das sich regelmäßig wiederholende Muster kann ein harmonisches Farbenspiel entstehen. Diese Muster können sich viermal wiederholen, doch ergeben auch öftere Wiederholungen interessante Effekte. Lassen Sie hier Ihrer Experimentierfreude freien Lauf! Je einfacher die Schablonenformen sind, desto ruhiger wirkt das Mandala; je ungewöhnlicher die Formen sind, desto lebendiger wird das Ergebnis.

4. Um die Farben des Regenbogens und ihre Zwischentöne zu erhalten, kann man ein Farbenrad-Mandala herstellen. Zunächst wird das Farbenrad mit Rot, Gelb und Blau angefertigt. Dies sind die Primärfarben, deren paarweise Mischung die Sekundärfarben ergibt: Rot und Gelb ergibt Blau, Gelb und Blau ergibt Grün, Blau und Rot ergibt

Violett. Mit diesen Kombinationen kann man ein Mandala in der Reihenfolge der Regenbogenfarben anfertigen. Mit diesem Farbenschema kann man auch entdecken, welche Farben einander entgegengesetzt sind und welche sich durch die Gegenüberstellung ergänzen oder verstärken. Komplementär sind die Kombinationen Rot-Grün, Gelb-Violett, Blau-Orange.

Man kann das Mandala als Kreis herstellen, in den man zum Beispiel einen sechszackigen Stern zeichnet, oder als Kreis mit einem Mittelpunkt, von dem aus sechs Dreiecke mit einem Winkel von sechzig Grad entstehen. Man kann das Farbenrad-Mandala auch erweitern, indem man zwölf Dreiecke mit einem Winkel von dreißig Grad zeichnet. Wenn man die primären mit den sekundären Farben mischt, entstehen die tertiären Farben. Das zwölfteilige Farbenrad besteht aus den Farben Rot, Rotorange, Orange, Orangegelb, Gelb, Gelbgrün, Grün, Blaugrün, Blau, Blauviolett, Violett und Rotviolett.

Mischt man diese Farben mit Weiß, entstehen weichere Pastelltöne, während Schwarz die Farben dunkler macht und zu einem gedämpfteren Farbenbild führt. Auf die Symbolik dieser und einer Reihe noch nicht genannter Farben (Indigo, Rosa, Weiß, Schwarz, Grau, Braun, Goldfarbe und Silberfarbe) wird im nächsten Kapitel eingegangen.

Bei der Herstellung von Mandalas spielt natürlich das Farbenerlebnis eine große Rolle. Farben wirken auf unsere Stimmung, und es hängt von unserer Stimmung ab, welche Farben wir wählen. Durch die therapeutische Anwendung der heilenden Energie einer bestimmten Farbe können seelische Stimmungen oder Erkrankungen beeinflußt und transformiert werden. Das Farbenspiel ist Ausdruck der Wechselwirkung zwischen hell und dunkel. Man kann daher auch ein Mandala erzeugen, indem man verschiedene Tonschattierungen einer Farbe von hell nach dunkel verlaufen läßt oder innerhalb einer Farbe starke Kontraste der verschiedenen Töne einsetzt. Um sehr starke Kontraste darzustellen, eignet sich natürlich der Gegensatz Schwarz-Weiß am besten (zum Beispiel beim Yin/Yang-Zeichen), doch bieten sich hierfür auch die komplementären Farbkombinationen an.

Formenzeichnen und Mandala-Malbücher

Neben den ganz aus der eigenen Phantasie gezeichneten Mandalas gibt es auch Anleitungen zur Konstruktion komplizierter geometrischer Formen. Das freihändige Formenzeichnen und das Zeichnen symmetrischer geometrischer Formen wie Rosetten, Pentagramme und keltische Flechtarbeiten wird vor allem in der anthroposophischen (Heil-) Pädagogik eingesetzt. Das Formenzeichnen schafft Bewußtsein für Zusammenhänge; durch die ständige Wiederholung wirkt es auf das rhythmische Gefühl, bringt es in Bewegung, lockert und erweitert es. Das Zeichnen geometrischer Formen verbessert die Konzentrationsfähigkeit, fördert das logische Denken und das Gefühl für Gesetzmäßigkeiten. Letzteres gilt auch für das Färben von Mandalas aus einem Malbuch. Die Formen dieser Mandalas sind dann zwar keine eigene Hervorbringung, doch kann durch das Ausfüllen mit selbst gewählten Farben der Ordnungswille und die Konzentrationsfähigkeit angesprochen werden, wodurch dieses Farbenspiel eine entspannende und meditative Wirkung haben kann.

Für Menschen mit einem hektischen Leben, chaotische Persönlichkeiten, Menschen, die sich noch nicht an eine vollständig eigene Schöpfung wagen oder die einfach Lust haben, etwas schön auszumalen, kann ein solches Mandala sehr hilfreich und anregend sein.

Wenn man ein noch nicht gefärbtes Mandala mehrmals kopiert, ergeben sich reizvolle Gegenüberstellungen, wenn man diese Mandalas mit ganz unterschiedlichen Farbenkombinationen ausfüllt. Wenn man sie chronologisch nebeneinander legt, kann man darin Unterschiede und Gemeinsamkeiten, vielleicht aber auch eine Entwicklungslinie entdecken.

Die verwendeten Farbkontraste können im Mandala unbewußte Formen und Symbole zum Vorschein bringen, die dort ursprünglich nicht angelegt waren, sondern direkt aus dem Unbewußten des Malenden stammen.

*Keltische Flechtarbeit.
Illustration aus dem Johannes-Evangelium
im »Book of Durrow«*

4.
Zeichnen, Malen, Sticken und andere Techniken

Praktische Hinweise zum Experimentieren mit verschiedenen kreativen Techniken

Wenn einige Voraussetzungen erfüllt sind, wie zum Beispiel eine ruhige Umgebung, ein Tisch, auf dem man Platz hat, ein bequemer Stuhl, ausreichende Beleuchtung, schöne Musik, eine brennende Kerze und ein Duftöl oder Weihrauch, dann kann man in einer besinnlichen, meditativen und entspannten Stimmung mit dem Mandala beginnen. Am besten experimentiert man zuerst mit Bleistift, Kreide oder Farbe, um sich mit dem Material vertraut zu machen. Man läßt dazu als Lockerungsübung, ohne den Vorsatz, ein Mandala zu machen, auf einem großen Blatt Papier Bleistift, Kreide oder Pinsel selbst ihren Weg finden. Dadurch entstehen ganz von selbst Flächen, Bänder und Linien, aber auch unregelmäßige Formen, Kreise, Spiralen und Tupfer. Wenn man bereits bemalte Flächen mit Buntstift oder Kreide übermalt, entstehen Mischfarben. Man kann das Mischen von Farben vorab ausprobieren, oder die Mischung auch intuitiv bei der Anfertigung des Mandalas entstehen lassen, wodurch ein besonderer Überraschungseffekt eintritt.

Therapeutische Wirkung verschiedener Zeichen- und Maltechniken

In dem Buch *Kunsttherapie in der Praxis* gibt Eva Mees-Christeller eine Übersicht über die verschiedenen Zeichen- und Maltechniken und ihre therapeutische Wirkung:

1. Malen mit Wasserfarben auf feuchtem Papier (Naß-in-Naß-Technik) ist sehr entspannend und befreiend, gibt Freude und Lebensmut.
2. Malen mit Wasserfarben auf trockenem Papier (Schichten) bewirkt Abstand von Emotionen, macht Gefühle bewußt und fordert durch den langen Prozeß die Geduld.
3. Trocken-Malen mit Farbstiften verbindet Linie mit Fläche und Farbe und harmonisiert das Gefühls- und Vorstellungsleben.
4. Pastell-Zeichnen: zarte Farbnuancierung für Menschen, die durch Wasserfarben-Malen keinen Halt finden können.
5. Zeichnen mit Ölkreiden (großformatig) ermöglicht eine stärkere Formkraft. Größere Bewegungen und der Druck auf das Material wirken stimulierend auf den Willen und die Tatkraft.

Praktische Anleitungen zum Zeichnen von Mandalas mit Buntstiften, Wachs- und Ölpastellkreiden und Kohle

Arbeitsmittel:
Sperrholz-Zeichenbrett (ca. 55 x 70 cm);
Holzfreies weißes Zeichenpapier verschiedener Größe;
 Aquarellpapier; Graphitbleistift HB, B2 und B4;
normale Buntstifte oder Aquarellstifte (mit wasserlöslichem Pigment; Faber-Castell ist weitgehend farbecht), Kohle, Wachsmalkreiden, Ölpastellkreiden;
Lineal, Zirkel, Radiergummi, Wasserfarbenpinsel, Wischer, Spitzer, Krepp-Klebeband, Reißzwecken, Terpentin, Lappen, Fixiermittel (hierfür eignet sich auch gewöhnlicher Haarlack).

Befestigen Sie das Zeichenpapier mit Reißzwecken oder Klebeband auf dem Zeichenbrett. Beginnen Sie mit dem Mandala nach Wahl in der Mitte oder außen, intuitiv oder mit einer Vorlage, die Sie mit Zirkel und Lineal gezeichnet haben. Mit Buntstiften kann man kleinere Flächen färben und sehr kleine

Details zeichnen. Außerdem sind scharfe Begrenzungen zwischen den Farbflächen möglich. Je nach dem angewandten Druck auf die Spitze kann man die Farbe kräftig bis sehr zart gestalten. Indem man eine andere Farbe auf eine bereits gefärbte Fläche aufträgt, entstehen Mischfarben und ineinander übergehende Töne. Aquarellbuntstifte haben ein wasserlösliches Pigment, so daß man auf der Zeichnung einen lavierten Effekt erzeugen kann, indem man die eingefärbte Fläche mit einem Wasserfarbenpinsel bearbeitet. Dadurch kann man benachbarte Farben ineinander übergehen lassen. Wenn dies nicht gewünscht ist, muß man vorsichtig arbeiten; andererseits können mit dieser Technik ganz besondere Wirkungen entstehen.

Pastellkreiden sind sehr weich und eignen sich zum Einfärben größerer Flächen. Linienzeichnen ist ebenfalls möglich, doch eignen sie sich weniger gut für kleine Details. Man kann sie mit den Fingern oder einem Tuch verreiben und dadurch ineinander übergehende Farben und Helligkeitsakzente erzeugen. Außerdem kann man sie mit weiteren Flächen oder Linien übermalen. Für Pastellkreiden ist ein etwas rauheres Papier besser, zum Beispiel Aquarellpapier, doch ist auch normales Zeichenpapier geeignet. Ein Mandala, das mit Pastellkreiden hergestellt wird, muß fixiert werden. Am besten fixiert man bei jeder Arbeitsunterbrechung; man kann später ganz normal wieder weiterarbeiten.

Ölpastellkreiden sind fett und weich, die Farben sind klar. Man kann sie auf gewöhnlichem Zeichenpapier oder Aquarellpapier benutzen. Man kann mehrere Lagen übereinander auftragen, und die Farben sind miteinander mischbar. Wie bei Pastellstiften kann das Verreiben mit den Fingern hübsche Effekte ergeben, insbesondere, wenn man die Farben laviert. Wenn man mit einem Lappen, den man in ein wenig Terpentin getaucht hat, über eine oder mehrere Farbflächen wischt, entsteht ein besonders schöner Effekt.

Holzkohle wird unter anderem aus Lindenholz hergestellt. Sie eignet sich gut dafür, um in großen, skizzenartigen Bewegungen ein Schwarzweiß-Mandala zu erstellen. Durch das ausgesparte Weiß des Papiers entsteht eine kontrollierte Verbindung mit den eigenen inneren, dunklen Seiten. Dadurch können andererseits die eigenen hellen Seiten durch das Dunkel hindurchstrahlen und buchstäblich »ans Licht« kommen. Indem man mit den Fingern oder einem Wischer die aufgetragenen Kohleflächen und Linien verreibt, entstehen verschiedene Abstufungen zwischen Schwarz und Hellgrau. Holzkohle muß ebenfalls fixiert werden. Wenn man einmal auf den Geschmack gekommen ist, kann man auch versuchen, einige der vorgenannten Materialien zu kombinieren. Auch hier gilt: Haben sie Mut zum Experiment!

Praktische Hinweise für das Malen von Mandalas mit Aquarellfarben, Plakatfarben (Gouache) und Ölfarben

Arbeitsmittel:
Sperrholz- oder Kunststoffbrett (ca. 55 x 70 cm);
Aquarellfarben, Plakatfarben und Ölfarben in den Grundfarben Karminrot, Zitronengelb und Kobaltblau;
holzfreies weißes Zeichenpapier, Aquarellpapier oder -block, präpariertes Malpapier oder Leinwand, festes unbedrucktes Zeitungspapier;
Schweine- oder Rinderhaarpinsel, rund, Nummer 2, 6, 12, 16 und flach, Nummer 4, 10, 14; Zirkel, Lineal, Bleistift, Radiergummi, Lappen, Bindemittel, Palette oder Schälchen, Wasser, Terpentin, weißes Papierklebeband, Schwamm, Fön.

Die verschiedenen oben genannten Farbarten ergeben eine jeweils andere Stimmung und erzeugen beim Malen von Mandalas eine unterschiedliche Ausstrahlung. Auch sind die Ergebnisse je nach der angewandten Maltechnik unterschiedlich. Man kann nicht sagen, daß eine bestimmte Technik oder ein bestimmtes Material für das Zeichnen eines Mandalas besser wäre als die anderen; dies hängt immer von persönlichen Vorlieben, von der Stimmung und Einstellung ab. Bleiben Sie also experimentierfreudig!

Für ein intuitives und spontanes Malen braucht man Material, das eine rasche Wirkung ergibt und schnell trocknet. Verdünnte Wasserfarbe und verdünnte Plakatfarbe eignen sich am besten dafür, feinsinnige Bilder und gefühlsmäßige Schwingungen auf das Papier zu übertragen. Weiche Pastelltöne erzeugen eine flüchtige, immaterielle Sphäre; trocken aufgetragene Transparentfarbe ergibt eine ätherische Wirkung.

Für klare Formen und sprechende, stark kontrastierende Farben ist eine deckende Farbe wie Plakatfarbe am besten geeignet. Diese Farbe wird auf den verschiedensten Untergründen angewandt, unter anderem auf normalem holzfreiem Zeichenpapier. Plakatfarbe kann sehr leicht bis sehr stark verdünnt werden, und die Farben sind miteinander gut mischbar. Mit einem breiteren Pinsel trägt man größere Flächen auf, während man mit einem feinen Pinsel sehr kleine Details ausarbeiten kann.

Eine dauerhaftere und robustere Wirkung ergibt Ölfarbe. Diese Farbe ist aus einem zäheren und schwereren Material als die anderen Farbarten und wird auf speziell präpariertem Zeichenpapier oder Leinwand benutzt. Sie hat eine lange Trockenzeit, je nach Dicke des Auftrags bis zu einigen Wochen, weshalb beim Malvorgang viel Geduld und Ruhe erforderlich sind. Ölfarben kann man mit Terpentin verdünnen, wodurch die Trockenzeit verkürzt wird. Die Farben werden dadurch jedoch schwächer.

Zum Trockenaquarellieren muß man das lose Aquarellpapier zuerst mit einem Schwamm gut durchweichen; anschließend wird mit dem Schwamm das überschüssige Wasser abgenommen und das so vorbereitete Papier mit Klebeband auf einem Zeichenbrett befestigt. Wenn es in dieser Weise liegend trocknet, wirft sich das Bild später kaum. Auf den fertigen Aquarellblocks kann man ohne diese Vorbereitungen sofort arbeiten, doch muß man das fertige Werk gut trocknen lassen, bevor man das Papier mit einem Messer abschneidet.

Für die Schleiertechnik wird sehr stark verdünnte Aquarellfarbe benutzt. Hierzu vermischt man in einem Schälchen einen Teil Farbe (sehr wenig!) mit zwei Teilen Bindemittel und verdünnt dies weiter mit Wasser. Das Bindemittel sorgt dafür, daß die untere Farbschicht schneller trocknet und sich nicht mehr löst, wenn man mit einer anderen Farbe darübermalt. Die verdünnte Farbe ist sehr durchsichtig. Intensivere Farben entstehen, wenn eine Farbschicht teilweise im selben Farbton übermalt wird, und Mischungen und transparente Farbübergänge erzielt man, wenn man mit anderen Farben darübermalt. Die Schleiertechnik erfordert viel Zeit. Um tiefere Farbtöne zu erzeugen, muß man viele Farblagen übereinander anbringen. Um zum Beispiel ein Mandala in Schleiertechnik herzustellen, bei dem die hellen Farben in der Mitte liegen sollen, muß man außen mit dem Malen beginnen. Dann entsteht Schicht für Schicht das Farbenspiel zwischen hell und dunkel. Versuchen Sie, scharfe Farbränder zu vermeiden. Zur Beschleunigung kann man die Arbeit mit einem Fön trocknen. Die Schleiertechnik ist für Anfänger nicht ganz einfach, doch führt Üben auch hier zum Ziel. Indem man die Flächen intuitiv übereinander malt, können ganz unerwartete Formen und Farben entstehen. Es kann ein ganz besonderes Erlebnis sein, wenn zum Beispiel plötzlich ein Stern, eine Blume oder eine Kristallform im Mandala entstehen.

Die Naß-in-Naß-Technik ist für die schnelle Anfertigung eines Mandalas in großen, freien Farbformen ohne scharfe Konturen oder Details geeignet. Man legt dazu ein Blatt unbedrucktes Zeitungspapier auf ein Zeichenbrett aus Kunststoff und macht es mit einem Schwamm gut naß. Wenn das Papier gesättigt ist, wird das überschüssige Wasser mit einem trockenen Schwamm abgenommen. Unter dem Papier dürfen keine Blasen mehr sein. Dann malt man auf das nasse Papier mit verdünnter Wasserfarbe, wodurch die Farben ineinander verfließen, und sie sich wie von selbst auf dem Papier mischen. Die Arbeit muß erst gut trocknen, bevor die wirklichen

Farbtöne sichtbar werden. Diese Technik wirkt äußerst entspannend, und man kann es sehr genießen, sich nach einem anstrengenden Tag auf diese Weise alles von der Seele zu malen. Wenn man ein Mandala auf einem weichen, diffusen Hintergrund herstellen will, kann man diesen mit Hilfe der Naß-in-Naß-Technik in der gewünschten Farbe erzeugen. Wenn das Papier getrocknet ist, wird das Mandala dann zum Beispiel mit deckender Plakatfarbe weiter ausgearbeitet.

Praktische Anleitungen für das Sticken eines Mandalas

Arbeitsmittel:
Ein Stück zählbares Handarbeitsgewebe von 50 x 50 cm Größe, zum Beispiel Sieblinen, Aidastoff, Panamastoff oder feinmaschiger Stramin (Achten Sie darauf, daß der Stoff gleiche Fadenabstände in senkrechter und waagerechter Richtung hat, da das Mandala sonst oval statt rund wird);
sechs bis zwölf Farben sechsfacher teilbarer Sticktwist;
Sticknadel mit stumpfer Spitze (Tapisserienadel), Schere, Lupe, eventuell Stickrahmen.

Das Sticken von Mandalas ist ein faszinierender, sich über einen längeren Zeitraum erstreckender Prozeß. Je nach Größe der Arbeit kann es Wochen oder Monate dauern, bis die Arbeit fertiggestellt ist. Dies verlangt Geduld und Konzentration, da, anders als beim Zeichnen oder Malen, ein viel schnelleres Arbeiten kaum möglich ist.

Da diese Arbeit länger dauert, und weil man hierfür Ruhe braucht, wird man automatisch zu einer introspektiven Haltung angehalten. Gedanken kommen und gehen, während sich die Nadel mit dem Faden ihren Weg sucht. Während der Arbeit sieht man seinen eigenen »roten Faden« im Mandala erscheinen. Durch das Einstechen und Durchziehen geht man durch den Stoff, die Materie hindurch. Dadurch wirkt Sticken auf den ganzen Menschen und erdet ihn. Wenn man das Mandala von der Mitte aus entstehen läßt, tritt der eigene Wesenskern nach außen hervor. Wenn man den Kern sieht, in dem man sich wie in einem Spiegel erkennt, kehrt man wieder zu seiner Mitte zurück, zu seinem innersten Wesen. Das Mandala wird zum Stramin, auf dem man weitersticken kann, auf dem das eigene Muster, die eigene Grundstruktur lebendig wird. Der Stoff als die irdische Materie, die weibliche Energie, ist noch leer und jungfräulich, wenn man mit dem Sticken beginnt. Durch das Erscheinen der Nadel mit dem Faden, Symbole der kosmischen männlichen Energie, wird der Stramin befruchtet und lebendig. Dadurch lernt man sich selbst kennen und lernt, »ich« zu sagen. Wenn man dann noch als Stickstich für das Mandala den Kreuzstich verwendet (das Kreuz als Symbol des gesamten, im Gleichgewicht befindlichen Menschen), bereichert man sein Tun um eine weitere Dimension.

Um intuitiv ein nach vier Seiten symmetrisches Mandala zu sticken, ist der Kreuzstich auf einem zählbaren Handarbeitsstoff daher am besten geeignet. Diese Stoffe sind in vielen Farben erhältlich, doch empfiehlt sich für den Beginn weiße oder ungebleichte Baumwolle oder Leinen. Suchen Sie auf gut Glück die Mitte des Stoffes, oder falten Sie ihn zweimal, um die Mitte festzustellen. Wählen Sie für den Anfang aus höchstens sechs Farben Garn die Farbe, die Ihnen am meisten zusagt. Nehmen Sie ein fünfzig cm langes Fadenstück und teilen Sie es, so daß Sie je nach Gittergröße mit einem zwei- oder dreifädigen Garn arbeiten. Je feiner das Gitter ist, desto lebendiger und ausdrucksvoller wird das Mandala, und desto besser kommen die Farben zur Geltung. Machen Sie in einer Ecke unten am Stoff eine Probe, um festzustellen, wie groß die Kreuzstiche werden müssen und wieviele Gewebefäden pro Kreuz Sie auffassen müssen. Dadurch entsteht zugleich auch eine Markierung für den »Süden« des Mandalas, so daß man bei dem fertigen Mandala weiß, wo oben und unten ist. Versäubern Sie die Schnittkante mit Überwendlingsstichen, damit die Ränder nicht ausfasern.

*1. Die Reise nach innen.
Intuitiv gezeichnetes Mandala (Aquarellstift).*

2. Weisheit.
Mit Hilfe von Zirkel und Lineal gezeichnetes Mandala
(Aquarellstift).

3. Lotos.
Mit Hilfe von Zirkel und Schablonen gezeichnetes Mandala
(Aquarellstift).

4. Energie 1.
Intuitiv gezeichnetes Mandala (Wasserfarbe, Naß-in-Naß).

5. Energie 2.
Intuitiv gezeichnetes Mandala (Ölpastellkreide).

6. Die Quelle.
Intuitiv im Kreuzstich gesticktes Mandala.

7. Angst und Verlangen.
Intuitiv im Kreuzstich gesticktes Mandala.

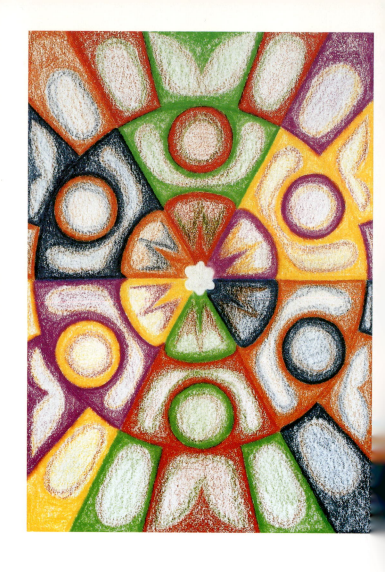

8. Sur En.
Farbenrad-Mandala, gezeichnet mit Aquarellstift
und mit Hilfe von Zirkel und Lineal.

Machen Sie den ersten Stich in die Mitte, aber verknoten Sie das Garn nicht. Lassen Sie ein Ende auf der Rückseite lose hängen; dieses wird später vernäht. Von diesem Mittelpunkt aus folgen Sie für die nächsten Kreuze einfach der Nadel. Wenn zum Beispiel sechs Kreuze in gerader Linie nach links erscheinen, dann bedeutet dies, daß sie nach rechts, nach oben und nach unten wiederholt werden wollen. Damit ist eine Kreuzform als Grundlage für das Mandala entstanden. Es kann aber auch geschehen, daß vom ersten mittleren Kreuzstich aus eine unregelmäßige Form gestickt wird. Auch diese Form wird einmal in die vier Richtungen wiederholt. Von dieser Grundform aus kann man mit anderen, ebenfalls intuitiv gewählten Farben weiterarbeiten. So entstehen immer neue Kombinationen. Befestigen Sie einen neuen Faden stets gut auf der Rückseite der Stickarbeit an den schon vorhandenen Stichen, indem Sie den Faden einige Male im Zickzack durchziehen; in dieser Weise wird auch vernäht. In der Schule haben wir gelernt, daß alle Kreuzstiche sauber in einer Richtung ausgeführt werden müssen. Beim Sticken eines Mandalas kann es allerdings den Besinnungsprozeß stören, wenn man ständig darüber nachdenken muß. Wenn einen schiefe Kreuzchen nervös machen, kann man natürlich nach den Regeln der Stickkunst arbeiten, doch man kann sich auch die Frage stellen, wie sehr man von Ordentlichkeit und Regeln schon abhängig geworden ist.

Der Kern des Mandalas wird nun rasch sichtbar, und das Farbenspiel reizt die Neugier, andere Farben zu wählen und neue Formen zu schaffen. Oft ist die Überraschung groß, wenn unerwartet erkennbare Figuren im Mandala erscheinen. Hieran zeigt sich, daß das Unbewußte äußerst aktiv war und dies dem Bewußtsein durch eine symbolische Figur mitteilt.

Wenn man im Mandala einen oder mehrere Kreise verarbeiten will, kann man wiederum einfach der Nadel folgen oder berechnen, wieviele Kreuzchen pro Zeile gestickt werden müssen, damit man eine saubere Rundung erhält. Dies kann

Beispiel für den schematischen Aufbau eines intuitiv gestickten Mandalas (© Anneke Huyser)

eine große Herausforderung sein, doch auch viele Umstände machen, ohne daß sich letztlich das gewünschte Ergebnis einstellt. Auch wenn bei einem Mandala die Intuition im Vordergrund stehen sollte, ist es in einem solchen Fall vernünftiger, mit dem Zirkel oder mit einem Bleistift und einem Teller einen Kreis zu ziehen.

Neben der oben beschriebenen Kreuzstichtechnik gibt es noch eine ganze Reihe anderer verwendbarer Sticktechniken. Es steht natürlich jedem frei, mit einer beliebigen Sticktechnik zu arbeiten, doch dürfte der Kreuzstich für den Anfang am besten geeignet sein. Kreuzstiche lassen sich leicht zählen und erleichtern daher die Einhaltung einer Symmetrie. Die Grundprinzipien für die Anfertigung eines Mandalas bleiben aber auch bei anderen Stichen dieselben. Die Kombination verschiedener Stiche schafft mehr Möglichkeiten, bestimmte Formen und Flächen herzustellen. Zum freien Sticken gut geeignet sind »petit point« (halber Kreuzstich), Plattstich, Stielstich, Kelimstich, Festonstich und Kettenstich. Wenn man mag, kann man auch Perlen aufnähen.

Weitere Materialien und Techniken für die Anfertigung von Mandalas

Neben Zeichnen, Malen und Sticken gibt es noch viele andere Materialien und Techniken, mit denen man Mandalas herstellen kann. Einige dieser Möglichkeiten werden im folgenden kurz beschrieben. Näheres zu diesen Techniken finden Sie in der reichhaltigen, einschlägigen Literatur, die in den meisten Buchhandlungen, Bibliotheken und Bastelgeschäften vorrätig ist.

Bei allen diesen Techniken kann man von den Grundprinzipien des Mandalas ausgehen (Kreis, Mittelpunkt, Symmetrie und Vierteilung). Auch hier kann man intuitiv von der Mitte aus arbeiten oder zunächst (eventuell im kleinen Maßstab auf Papier) mit Zirkel und Lineal einen Entwurf machen.

Applikationsmandala

Das Applizieren ist eine textile Technik, bei der ausgeschnittene bunte Stoffstücke in verschiedenen Formen von Hand oder mit der Nähmaschine auf eine feste Stoffunterlage genäht werden. Die Ausdrucksmöglichkeiten sind am größten, wenn die Stoffstücke mit verschiedenen sichtbaren Zierstichen von Hand festgenäht werden. Die Formen können freihändig ausgeschnitten oder erst mit Hilfe von Schablonen und Bleistift oder Schneiderkreide aufgezeichnet werden.

Patchwork-Mandala

Diese Mandalas entstehen dadurch, daß man kleine, geometrisch zugeschnittene Stoffstücke zu einem Mosaik ordnet und von Hand oder mit der Nähmaschine zusammennäht. Die häufigsten Formen sind Dreieck, Viereck, Raute, Fünfeck, Sechseck und Achteck. Von diesen Formen werden Schablonen auf dünne Pappe gezeichnet, so daß alle Stoffstücke dieselbe Form und gleiche Größe bekommen. Die Schablone wird auf den Stoff gelegt und der Stoff einen Zentimeter größer als das Schablonenmaß ausgeschnitten. Die Stoffsäume werden mit der noch darin befindlichen Schablone mit Stecknadeln festgesteckt oder umgeheftet; anschließend werden die Stoffstücke genau an den Falträndern mit kleinen überwendlichen Stichen aneinandergenäht. Zuletzt werden die Schablonen wieder entfernt.

Bunte Blümchen- und Streifenstoffe eignen sich in Verbindung mit einfarbigen Stoffen am besten dazu, die Stoffstücke in bestimmten Mustern zu einer Komposition zu verarbeiten, die einen harmonischen Gesamteindruck ergibt. Wenn die Arbeit fertig ist, wird sie gefüttert, eventuell mit einer Zwischenlage Flanell oder Watte. Das Ganze kann man von Hand oder mit der Nähmaschine längs der Nähte oder längs eines selbstentworfenen Musters absteppen. In dieser Weise entsteht eine Quiltdecke.

Patchwork kann man auch mit Papier mit ausgeschnittenen Formen oder gefalteten Origami-Figuren ausführen, die man auf eine feste Unterlage aus Pappe klebt.

Collage-Mandala

Hierfür eignet sich fast jedes Material. Man klebt es mit Bastelleim auf eine feste Unterlage (dicke Pappe oder Sperrholz). Ein Collage-Mandala kann man aus Trockenblumen und gepreßtem Laub, aus Bohnen, Nüssen und Samen in verschiedenen Farben und Maßen, aus Funden am Strand oder aus dem

Wald, aus feinen Streifen von buntem Papier oder Holzspänen, aus Raffia oder Stroh und farbigen Baumwollfäden herstellen (das Prinzip der »Yarn paintings« der Huichol-Indianer). Eine Kombination dieser und anderer Materialien ist ebenfalls möglich.

Transparent-Mandala

Ein durchsichtiges Mandala aus buntem Drachenpapier, das man mit Kleber oder Klebestift auf transparentes Zeichenpapier klebt, sieht an einem Fenster sehr hübsch aus. Indem man verschiedene Farben verwendet oder einige Lagen derselben Farbe übereinander klebt, entsteht ein schleierartiger Effekt. Die besten Ergebnisse erzielt man mit hellerfarbigem Drachenpapier. Die fertige Arbeit kommt in ein Passepartout und wird mit einem dünnen Nylonfaden aufgehängt oder mit kleinen Stückchen doppelseitig klebendem Klebeband auf das Fenster geklebt.

Ton-Mandala

Ton ist ein Urmaterial, das durch seine feucht-erdige Substanz tieferliegende Gefühle an die Oberfläche bringen kann.

Zur Vorbereitung auf die Anfertigung eines modellierten Mandalas werden nach sorgfältigem Durchkneten des Tons zunächst einige geometrische dreidimensionale Urformen wie Kugel, Würfel, Kegel, Pyramide und Schlange geübt. Spüren Sie, wie die eine Form durch den Druck der Hände und Finger in eine andere übergehen kann. Aus diesen kompakten Formen können offenere Figuren entstehen, indem man mit dem Daumen Vertiefungen macht, so daß ein schalenähnliches Gebilde entsteht. Hieraus ergibt sich oft von selbst der Antrieb, die Form ins Dreidimensionale wachsen zu lassen. Dabei könnte das Mandala zum Beispiel die Gestalt eines Turms erhalten, der von oben betrachtet die bekannte Mandala-Symmetrie aufweist.

Man kann ein Mandala auch mit einem scharfen Gegenstand in eine flache, runde Tonscheibe ritzen. Die scharfen Ränder, die dadurch entstehen, glättet man mit dem nassen Finger. Das fertige Ton-Mandala läßt man einfach trocknen oder im Brennofen brennen. Es kann seine graue oder rote Urfarbe behalten, doch kann man es auch mit verschiedenen Farben glasieren, bemalen oder lackieren.

Weitere Möglichkeiten für die Herstellung von Mandalas

Bei der Auswahl von Materialien und Techniken zur Anfertigung von Mandalas sind der Phantasie keine Grenzen gesetzt. Denken Sie nur einmal an die gestrickten, gehäkelten und geklöppelten Deckchen aus Großmutters Zeit. Diese Handarbeitstechniken sind noch heute gebräuchlich. In Handarbeitszeitschriften findet man hierzu viele Anregungen. Weitere Möglichkeiten sind zum Beispiel Weben, Perlenarbeit, Teppichknüpfen, Seidenmalerei, Gipsmosaike, Gießen, Schnitzen und Metallbearbeitung. Man kann einen Kräutergarten in Form eines Mandalas anlegen, und mit einer Kombination von Fliesen, Platten und Steinen kann man eine Mandala-Terrasse gestalten. Für die Erzeugung von Fraktalen gibt es spezielle Computerprogramme.

Einige praktische Hinweise

Das Mandala ist fertig. Was bleibt nun noch zu tun? Pastell- und Kohlezeichnungen muß man vor allen Dingen zuerst mit einem Fixiermittel (oder Haarlack) versehen. Plakatfarbe trocknet matt und kann mit Plakatfirnis bestrichen werden, um einen Glanzeffekt zu erzeugen. Ein Ölfarben-Mandala muß einige Wochen trocknen, bevor es gefirnißt werden kann. Dieser Firnis wirkt farbvertiefend.

Ein gesticktes Mandala hatte man wochen- oder monatelang in Händen, wodurch es vielleicht etwas angeschmutzt ist. Dann wäscht man es in etwas lauwarmem Wasser mit ein wenig Feinwaschmittel. Nicht auswringen, sondern zwischen zwei Handtüchern trockentupfen und liegend auf einem Wäscheständer fertig trocknen lassen. Dann die Rückseite mit einem dazwischengelegten feuchten Tuch vorsichtig bügeln. (Stellung »Leinen« auf dem Bügeleisen). Die Ränder von Hand oder mit der Nähmaschine sorgfältig säumen. Sind alle Fäden an der Rückseite vernäht?

Schließlich muß man sich überlegen, wie man das Mandala aufhängen oder einrahmen will. Es gibt gläserne Wechselrahmen in den verschiedensten Größen, jedoch besteht dabei die Gefahr, daß das Glas dem Mandala durch seine spiegelnde Oberfläche die Lebendigkeit nimmt. Mandalas kommen am besten in einem Holzrahmen mit oder ohne Glas zur Geltung, der möglichst schlicht sein sollte, damit die Aufmerksamkeit auf die Mitte, nicht auf den Rand gelenkt wird. Gegebenenfalls kann man das Mandala auch in ein viereckiges oder rundes Passepartout innerhalb des Rahmens einfassen. Die Farbe des Passepartouts kann neutral sein oder mit einer häufig im Mandala vorkommenden Farbe übereinstimmen. Eine gute Wirkung läßt sich auch mit einer komplementären Farbe erzielen. Ein gesticktes oder appliziertes Mandala kann man wie oben einrahmen; man kann aber auch den Stramin um eine Sperrholzplatte schlagen und an der Rückseite mit Reißzwecken oder Heftklammern befestigen. Die Platte muß dabei etwas größer sein als der äußere Rand des Mandalas.

Was tun mit meinem Mandala?

Ein Mandala ist zum Betrachten da. Daher liegt es nahe, es an einem gut sichtbaren Ort aufzuhängen. Wer schon viele Mandalas gemalt hat, kann die Bilder je nach seiner Stimmung, seiner Entwicklung oder der Jahreszeit wechseln. Außerdem gibt es immer wieder Ausstellungen, auf denen Mandalas gezeigt werden. Gezeichnete und gemalte Mandalas, die nicht gerahmt sind, können in festen Zeichenmappen aufbewahrt werden. In Kopierläden kann man Farbkopien machen lassen, so daß man ein selbstgeschaffenes Mandala auch verschenken kann.

Ebenso ist es möglich, eigene Mandalas auf Stoff, zum Beispiel auf ein T-Shirt oder auch auf Post- oder Glückwunschkarten drucken zu lassen oder zu kleben und als Weihnachts- und Geburtstagsgrüße zu verschicken. Natürlich kann man das Original-Mandala auch jemandem schenken. Dies ist eine sehr persönliche Geste, weil die Schwingungen des Urhebers für immer mit dem Mandala verbunden sind.

Beispiel eines Kolam aus Südindien

5.
Symbole in Mandalas

Für die Farben, Formen und Symbole in Mandalas lassen sich keine feststehenden Bedeutungen angeben. Die Deutung hängt immer von den persönlichen Auffassungen des Urhebers beziehungsweise des Betrachters ab und wird darüber hinaus von der augenblicklichen Stimmung des Betreffenden beeinflußt. Außerdem spielen die Erziehung, Kindheitserlebnisse, der kulturelle Hintergrund und Interessengebiete eine große Rolle. Die *persönlichen* Symbole kennzeichnen die Phase, in der man sich befindet, geben das Bild einer Situation wieder und spiegeln die Persönlichkeit, die Seele oder das Selbst. Die *Archetypen*, die Ursymbole, sind in ihrem Bedeutungsumfang etwas beschränkter, doch gibt es auch hier in verschiedenen Kulturen und Zeiträumen Unterschiede.

Weiter unten in diesem Kapitel werden verschiedene in Mandalas häufig vorkommende Farben, Formen, Zahlen und Symbole besprochen. Die angegebenen Bedeutungen sind jedoch nur Hinweise und sollen bei dem Versuch helfen, über Assoziationen zu eigenen Interpretationen zu gelangen. Für die Analyse und Deutung eines Mandalas ist es wichtig, zunächst eine persönliche Symbol- und Farbinterpretation zu versuchen, bevor man die Symbolbedeutungen in diesem oder einem anderen Buch zu Rate zieht.

Nehmen wir als Beispiel die Schlange und prüfen wir, welche Sinnbilder sich dahinter verbergen. Wenn man die Symbolbücher zur Hand nimmt, stellt man sofort fest, daß die Schlange viele gegensätzliche Bedeutungen hat. Einerseits erscheint sie als Symbol des Bösen, des Sündenfalls, des Todes und der Unterwelt, andererseits durch die Erneuerung ihrer

Haut als Symbol des sich verjüngenden Lebens. Hier tritt auch das Prinzip der Wiedergeburt und Heilung zutage, unter anderem in Gestalt der Äskulapschlange, die Asklepios, dem griechischen Gott der Heilkunde, heilig war, und die noch heute in Gestalt einer Schlange, die sich um den Äskulapstab windet, Symbol des Arztes ist. Der Verleger der niederländischen Originalausgabe dieses Buches, Ankh-Hermes, benutzt als Firmenlogo die beiden Schlangen, die die Kundalini- oder polaren Lebenskräfte darstellen und sich um den Caduceus, den Merkur- oder Heroldsstab, schlingen. Hermes war der Bote der griechischen Götter, und in diesem Logo erscheint sein Stab als Ankh, das ägyptische Henkelkreuz, das für die Ewigkeit des Lebens und den aufrecht stehenden Menschen steht. Um dieses Symbol entfaltet sich eine fünfblättrige Lotosblüte, die als Pentagramm (fünfzackiger Stern) auf den ganzen Menschen verweist, wobei die fünf eine heilige Zahl (fünf Sinne, fünf Elemente) und der Lotos unter anderem Symbol der höchsten Erkenntnis ist, die zur Erleuchtung führt. Dieses Kleinst-Mandala ist daher von einer reichen Symbolik und könnte wie folgt interpretiert werden: Dieser Verleger ist Mittler zwischen Schriftstellern, Buchhändlern und Lesern, indem er Bücher herausgibt, die durch ihren Inhalt Menschen auf ihrer Suche nach Quellen körperlicher und seelischer Gesundheit und der spirituellen Bewußtwerdung helfen können.

Im persönlichen Mandala kann die Schlange in vielerlei Gestalt und Bedeutung auftreten. Ist es ein unschuldiger und nützlicher Regenwurm, der den Boden durchlüftet und fruchtbar macht? Ist es eine giftige Otter oder eine tropische Riesenschlange? Ist die Schlange als männliches Sexualsymbol zu deuten, oder ist sie eine der Erscheinungsformen der Erdgöttin Gaia? Ist es eine Schlange, die sich in den eigenen Schwanz beißt (Uroboros), als Zeichen dafür, daß jedes Ende einen Neuanfang beinhaltet, ein Symbol für den Kreislauf von Tod und Wiedergeburt, Jahreszeiten und Äonen? Es gibt, wie man sieht, Möglichkeiten genug – und für jeden etwas!

Bei der Schlange ist auch die Farbe und der Zusammenhang mit anderen Symbolen im Mandala zu prüfen. In ähnlicher Weise untersucht man dann alle Formen und Symbole auf ihren persönlichen Wert für den Schöpfer des Mandalas. Die Farbe, die Form oder das Symbol in der Mitte geben stets die Grundbedeutung des ganzen Mandalas wieder, das heißt hier spiegelt sich die Grundstimmung oder das Hauptsymbol des Schöpfers in diesem Augenblick wider. Die obere Hälfte des Mandalas steht für die bewußten Seelenvorgänge, die untere für das Unbewußte. Der »Äquator« ist die Schwelle zwischen dem Bewußten und dem Unbewußten. Manchmal ist der Übergang zwischen bewußten und unbewußten Vorgängen durch Farbunterschiede gekennzeichnet. Generell betrachtet man die im gesamten Mandala benutzten Farben nicht nur hinsichtlich ihrer Symbolik, sondern auch hinsichtlich ihrer Intensität. So finden zum Beispiel starke Gefühlsbewegungen in dick aufgetragenen Farben ihren Niederschlag. Schwache Farben können auf wenig Selbstvertrauen, Erschöpfung, Kummer oder inneren Rückzug hinweisen.

Wenn ein Mandala rein intuitiv und ohne erkennbare Symbole, das heißt in abstrakten Formen hergestellt wird, können diese Formen in ihrem inneren Zusammenhang und der Farbgebung viel über die innere Stimmung ihres Schöpfers aussagen. Diese abstrakten Formen sind nicht immer mittels eines Symbolschemas zu deuten; meist muß der Schöpfer dann selbst intuitiv erspüren und entdecken, was sie zu sagen haben. Nach Ansicht des Malers Wassily Kandinsky ist der Ausdruck um so reiner, ursprünglicher und archaischer, je mehr die Form zum Abstrakten tendiert. Jede Form ist so empfindlich wie eine Rauchfahne: Die geringste Verschiebung verändert sie ganz wesentlich. In der Volkskunst vieler Kulturen gibt es seit jeher Abstraktionen, die uralt sind und durch die kosmischen Dimensionen, die in ihnen aufscheinen, primitiv und hochentwickelt zugleich anmuten. Ebenso verhält es sich mit dem Mandala. Indem man jede einzelne Form in den Zusammenhang der Gesamtheit aller Formen, die zusammen das Mandala ergeben, stellt, entsteht ein Ganzes, das mehr ist als die Summe seiner Teile (ein Gestaltbild).

Formen und Symbole

Anker
Der Anker ist seit jeher das Symbol der Meeresgötter. Er gibt Halt, Sicherheit, Vertrauen und Hoffnung. In frühchristlicher Zeit galt er durch die Kreuzform als Symbol der Erlösung.

Ankh
Das Ankh ist das Henkelkreuz des alten Ägypten (Crux ansata). Es gilt als Symbol für die Ewigkeit und das Weiterleben nach dem physischen Tod. Es ist Ausdruck des mit ausgestreckten Armen aufrecht stehenden Menschen. Durch die Kombination des Kreises oben und des Kreuzes unten stellt das Ankh auch die Vereinigung des weiblichen und männlichen Prinzips dar, die in der ägyptischen Mythologie durch Isis und Osiris repräsentiert sind.

Auge
Das Auge ist der Spiegel der Seele. In der Symbolik steht die Darstellung eines Auges für das allsehende Auge, das dritte Auge, das böse Auge oder das Auge des Horus, des ägyptischen Sonnengottes. In der Antike gab es mythische einäugige Ungeheuer, die Zyklopen. Wenn in einem Mandala Augen erscheinen, kann dies auch eine symbolische Darstellung der weiblichen Geschlechtsorgane sein.

Baum
Der Baum ist in der Erde verwurzelt, und seine Zweige reichen in den Kosmos. Dadurch ist der Baum Symbol für das allumfassende Lebensprinzip, das als Lebensbaum in der Kabbala und in der Volkskunst erscheint. In alten Mythen erscheint der Baum als Weltachse in der Mitte des Kosmos, zum Beispiel als die Weltesche Yggdrasil, der kosmische immer-

grüne Baum der nordischen Edda. Die heiligen Bäume der keltischen Druiden sind unter anderem Eiche, Holunder, Weide und Weißdorn. In vielen Teilen Europas wird die heidnische Tradition des Tanzes um den Maibaum als Fruchtbarkeitsritual noch heute gepflegt. Psychologisch kann der Baum in einem Mandala der Ausdruck des Ausführenden selbst sein. Dabei muß man das Äußere des Baumes betrachten: Trägt er Blätter oder nicht, ist es ein junger oder ein alter Baum? Wie stehen die Zweige, ist der Baum gerade oder krumm, trägt er Blüten oder Früchte?

Blitz
Der Blitz bedeutet, daß gewaltige Kräfte frei werden, die eine zerstörerische Wirkung haben können. Weiterhin symbolisiert der Blitz Feuer, Elektrizität und übernatürliche Kräfte. In Form des tibetischen Donnerkeils (Vajra oder Dorje), der zusammen mit dem weiblichen Symbol, der Glocke, oft bei Meditationen eingesetzt wird, repräsentiert er die männliche Energie.

Blumen
Blumen symbolisieren das neue Leben, die Sonne, die Erde und die Mitte. Sie sind Ausdruck von Lebenskraft, Lebensfreude und Fruchtbarkeit. In Mandalas sind oft die nachfolgenden Blütenformen zu erkennen:
Aronstab: im Mittelalter das Symbol der Jungfrau Maria;
Distel: symbolisiert das Leiden Christi;
Lilie: steht für die jungfräuliche Liebe, die Reinheit;
Lotos: im Osten Symbol für die höchste mystische Erleuchtung und im alten Ägypten Darstellung des Sonnengottes, allgemein Symbol der Fruchtbarkeit;
Pfirsichblüte: Symbol der Unsterblichkeit;
Rose: allgemein als Symbol für die ewige Liebe bekannt; steht auch für die Wiedergeburt;
Veilchen: gilt als Frühlingsbote und Symbol der Bescheidenheit.

Chakras

Die Chakras sind spirituelle und psychische Energiezentren im menschlichen Körper, die als Räder oder Lotosse dargestellt werden. Sie spielen eine wichtige Rolle für die spirituelle Erweckung und die körperliche und geistige Gesundheit. Man kann von jedem Chakra ein eigenes Mandala anfertigen. In diesem Fall sollte man sich vor und während der Anfertigung eines Chakra-Mandalas gut auf das betreffende Chakra konzentrieren und dieses ganz intensiv zu fühlen versuchen (was sich manchmal in Form eines leichten Prickelns auf der Haut an der Stelle dieses Chakras äußert). Hierfür kann ein gewisser Übungsaufwand notwendig sein. Wenn Abweichungen von den nachfolgend angegebenen Farben auftreten, könnte dies auf ein blockiertes Chakra hinweisen. Es ist aber wichtig, daß diese Farbabweichung dennoch im Mandala beibehalten bleibt. Wenn man sich immer mehr mit dem Chakra verbindet, wird dieses von selbst letztlich die endgültige, das heißt die persönliche individuelle Farbe im Mandala zur Erscheinung bringen. Nachfolgend eine kurze Übersicht über die Eigenschaften der sieben Chakras:

Wurzelchakra (rot, vierblättriger Lotos): Hier haben das Streben nach Sicherheit, Überleben, Verwurzelung, Erde und Körperbewußtsein ihren Sitz.

Sakralchakra (orange, sechsblättriger Lotos): Dieses Chakra hat mit der Sexualität, dem Zugehörigkeitsgefühl zu einer Gruppe und der Fähigkeit zu persönlichen Beziehungen zu tun.

Solarplexuschakra (gelb, zehnblättriger Lotos): In diesem Chakra haben Selbstvertrauen, persönliche Macht und Energie sowie die tieferen Emotionen ihren Sitz.

Herzchakra (grün, zwölfblättriger Lotos): Dies ist das Chakra der bedingungslosen Liebe, des Mitleids und der ich-freien Handlungen.

Kehlchakra (blau, sechzehnblättriger Lotos): Dieses Chakra ist für Kreativität, Singen, Sprache und inneres Hören verantwortlich.

Stirnchakra (indigo, zweiblättriger Lotos): Hier ist der Sitz des Dritten Auges; es ist das Chakra der Hellsichtigkeit, Intuition und Introspektion.
Scheitelchakra (violett oder weiß, tausendblättriger Lotos): Hiermit spürt man die mystische Verbindung mit dem Kosmischen, die Erleuchtung, die Nicht-Dualität und die Ekstase.

Dreieck
Das Dreieck ist mit Kreis und Viereck eines der häufigsten Symbole. Mit nach oben weisender Spitze repräsentiert das Dreieck die männliche Energie (Feuer), mit nach unten weisender Spitze die weibliche Energie (Wasser). Bei den indischen geometrischen Yantra-Figuren finden sich viele Dreiecke, unter anderem im Shri-Yantra, das die Einswerdung von Mann und Frau darstellt. Der griechische Großbuchstabe Delta (Δ) ist das Symbol für die kosmische Geburt. Außerdem symbolisiert das gleichseitige Dreieck unter anderem die heilige Dreifaltigkeit und die Einheit von Körper, Seele und Geist.

Ei
Das Ei symbolisiert als Weltei die Lebensenergie, die Fruchtbarkeit, das neue Leben und die Auferstehung.

Elemente
Allgemein bekannt sind die vier Elemente Feuer, Erde, Wasser, Luft. Oft wird als fünftes Element der Äther hinzugenommen.
Erde: Das Symbol des Elements Erde ist das Kreuz im Kreis, das gelbe Viereck oder ein nach unten gerichtetes braunes, schwarzes oder gelbes Dreieck mit einem weiteren Dreieck an der untersten Spitze. Dieses Element steht für Mutter Erde (Urd, Artha, Edda, Terra, Gaia, Demeter) und weibliche Prinzipien Yin, Seele, Stabilität und Passivität.
Luft: Das Symbol des Elements Luft ist ein hellblauer oder goldener Kreis mit einem Punkt in der Mitte oder ein nach oben gerichtetes blaues Dreieck mit einem weiteren Dreieck in der oberen Spitze. Dieses Element steht für den Himmelsvater

(Zeus) und die männlichen Prinzipien Geist, Atem, Wind, Beweglichkeit, Yang und Aktivität.

Feuer: Das Element des Symbols Feuer ist ein rotes Dreieck mit nach oben gerichteter Spitze oder Flammen. Es ist das einzige Element, das der Mensch selbst erzeugen kann, und es steht für die Lebensenergie. Feuer wärmt, verzehrt, erleichtert, zerstört, reinigt und verwandelt. Es ist das Symbol der Sonne und der Pyramide, und es ist männlich, yang und aktiv.

Wasser: Das Symbol des Elements Wasser ist ein blaugrünes Dreieck mit nach unten weisender Spitze, geschwungenen Linien oder einer liegenden silbernen Mondsichel. Dieses Element steht für das Lebenswasser, die Quelle, die Taufe und Reinigung. Als Symbol für die Große Mutter zeigt es die weibliche Fruchtbarkeit an. Wasser steht auch für Quellen, das Unbewußte, Gefühle und Emotionen, das Weibliche, Yin und das Passive.

Äther: Das Symbol des Elements Äther ist ein violettes Oval oder ein Kreis, der von der Mitte aus in sechs Dreiecke gegliedert ist. Äther ist ein transzendentes Element, das am Schnittpunkt der vier oben genannten Elemente als das ewige Selbst, der alchemistische Stein der Weisen, die fünfblättrige Rose oder der Lotos erscheint. Er steht für den reinen Geist, ist äußerst beweglich und erscheint als das ätherische Kraftfeld oder die Aura um materielle Formen.

Fisch

Der Fisch symbolisiert sowohl das männliche als auch das weibliche Geschlechtsorgan. Weiterhin steht der Fisch für das Element Wasser, und er ist das frühchristliche Symbol für Jesus Christus, da zu jener Zeit das astrologische Fische-Zeitalter begann.

Flügel

Flügel symbolisieren Freiheit, Sieg, Bewegung, Wind und Gedanken. Sie sind die Attribute von Göttern, Engeln, übernatürlichen Wesen und Fabeltieren (Pegasus, geflügelte Schlange und

Drache, Garuda). In verschiedenen Kulturen ist das Symbol des Sonnengottes eine geflügelte Sonnenscheibe. Feen, Elfen und Luftgeister, aber auch Dämonen können Flügel haben.

Herz
Das Herz symbolisiert in praktisch allen Kulturen dieselben Werte: Liebe, Weisheit, verwandtschaftliche Verbundenheit und Freude.

Hexagramm
Das Hexagramm ist ein sechszackiger Stern, der auch als Siegel Salomons oder Davidstern bezeichnet wird. Es besteht aus zwei einander durchdringenden Dreiecken und symbolisiert damit die Harmonie zwischen der männlichen und weiblichen Energie. Als Hexagramm werden auch die aus sechs ganzen und gebrochenen Linien bestehenden Kombinationen von Trigrammen aus dem chinesischen Orakelbuch *I Ging* bezeichnet.

Kelch
Der Gralskelch ist das Gefäß, in dem das Blut Christi aufgefangen wurde, nachdem seine Seite mit einer Lanze geöffnet worden war. Aus dieser Sicht enthält der Gralskelch das Lebenselixier. Bei den Kelten war der Kelch, der auch als Kessel dargestellt wird, Symbol der Gebärmutter und der Fruchtbarkeit. Psychologisch ist der Gralskelch das heilige Zentrum im Menschen selbst. Die Suche nach dem heiligen Gral, die vor allem durch den Sagenkreis um König Artus und Parzival bekannt ist, ist die Suche nach den spirituellen Quellen von Mensch und Kosmos und das Streben nach der Rückkehr in den Paradieszustand. Das Symbol des Kelchs ist mit den Symbolen von Schale und Mondsichel verwandt.

Kette
Eine Kette symbolisiert Verbundenheit, aber auch Angekettetsein. Mit welcher Person oder Situation fühlt man sich ver-

bunden, an welche Person oder Situation angekettet? Muß man hieran etwas ändern, oder fühlt man sich dabei ganz glücklich?

Knoten
Knoten symbolisieren ebenfalls Verbundenheit. Was muß man festbinden oder lösen? Der endlose Knoten oder mystische Knoten, auch als Zauberknoten bezeichnet, bringt Glück.

Kreis
Der Kreis ist mit Viereck und Dreieck das wichtigste und häufigste geometrische Symbol. Ein Kreis mit einem Punkt in der Mitte symbolisiert unter anderem Sonne, Gott, Gold und den Vollmond. In okkulten Schulen und Gruppen wie zum Beispiel dem *Wicca* (modernes Hexentum) verleiht ein Kreis magischen Schutz. Im Zen-Buddhismus symbolisiert der leere Kreis die Erleuchtung, das heißt letztlich die urweibliche Energie. Wenn in einem Kreis ein Punkt erscheint, offenbart sich dadurch die urmännliche Energie. Der Kreis mit Mittelpunkt drückt also die Einheit des Männlichen und Weiblichen aus, die kosmische Ganzheit; dies ist das Ur-Mandala.

Kreuz
Das Kreuz ist neben Kreis und Dreieck das häufigste Symbol in jeder Kultur. Ein Kreuz mit vier gleich langen Armen verweist auf den aufrecht stehenden Menschen mit ausgestreckten Armen, die vier Jahreszeiten und die vier Windrichtungen. Außerdem repräsentiert die Form die Vereinigung des Männlichen (vertikal) mit dem Weiblichen (horizontal). Die Grundform vieler Kirchen und Tempel in der ganzen Welt ist das Kreuz. Es gibt eine große Fülle von Kreuzformen: Kruzifix (Kreuz mit dem Gekreuzigten), Henkelkreuz (Ankh), Tau oder Antoniuskreuz, Andreas- oder Schrägkreuz, Schächerkreuz oder Deichsel, Swastika (Hakenkreuz, Sonnenrad) und so weiter.

Krone
Die Krone ist das königliche Symbol hoher Würde. Eine goldene Krone steht für die Sonne. Die östliche blütenförmige Krone ist das Zeichen für höhere spirituelle Entwicklung. Die christliche Dornenkrone symbolisiert das Leiden.

Labyrinth
Labyrinthe erscheinen in vielen Kulturen als Irrgarten, aber vor allem auch als Einweihungsweg für den Menschen auf seinem Weg in die Mitte, zu seinem eigenen Kern. Oft wird ein Rosen- oder Kräutergarten in Form eines Labyrinths angelegt. Ein bekanntes Labyrinth befindet sich in der Kathedrale von

Labyrinth am Boden der Kathedrale von Chartres

Chartres, und aus der griechischen Mythologie ist das Labyrinth auf Kreta bekannt, in dem das Ungeheuer Minotauros hauste und aus dem Theseus mit Hilfe des Wollknäuels der Ariadne wieder herausfand.

Lemniskate
Die Lemniskate ist die liegende Acht, das Symbol für die Unendlichkeit. Außerdem symbolisiert sie die Vereinigung von Sonne und Mond und in Analogie dazu die sexuelle Verschmelzung des Männlichen und Weiblichen.

Mandorla
Die Mandorla wird auch als Vesica piscis (Fischblase, Symbol für die Vulva) bezeichnet. Es ist die mandelförmige Aureole, die auf mittelalterlichen Darstellungen Christus oder Maria umhüllt. Die Mandorla entsteht aus zwei übereinander geschobenen Kreisen und symbolisiert eine Pforte oder Öffnung. Im Zusammenhang mit Maria repräsentiert sie auch die Jungfräulichkeit.

Maske
Hinter welcher Maske verstecken wir uns? Was ist unser wahres Gesicht? In Mysterienspielen und Ritualen werden Masken symbolisch für die Darstellung übernatürlicher Kräfte oder Gottheiten verwendet.

Mond
Viele Göttinnen werden durch den Mond symbolisiert: Luna, Isis, Hera, Selene, Astarte, Kuan Yin und andere, und zwar wegen der Dauer der Umlaufzeit des Mondes und des Menstruationszyklus. Hekate, die dreifache Göttin, repräsentiert mittels der drei Mondphasen, zunehmender Mond, Vollmond und Neumond, die drei Lebensphasen der Frau: Mädchen, Mutter und weise Alte. In Mandalas erscheint der Mond oft als Sichel, aber auch als weiße oder silberne Scheibe. Der Mond ist auch das Symbol für Intuition und innere Weisheit.

Nimbus
Der Nimbus wird auch als Halo oder Aureole bezeichnet. Es handelt sich um den Strahlenkranz um das Haupt von Sonnengöttern und Heiligen als Symbol des göttlichen Lichts, das sie umgibt und aus ihnen leuchtet.

Pentagramm
Das Pentagramm ist ein fünfzackiger Stern, der in einer einzigen Bewegung gezeichnet wird. Das Pentagramm symbolisiert die menschliche Gestalt mit ausgestreckten Armen und Beinen und ist in vielen Kulturen ein Talisman. Weiterhin repräsentiert das Pentagramm die fünf Elemente Erde, Wasser, Feuer, Luft und Äther und die fünf Sinne. Mit nach oben weisender Spitze steht es für weiße Magie, mit nach unten weisender Spitze für schwarze Magie.

Pfeil
Pfeile sind auf ein Ziel gerichtet. Welches Ziel streben wir an, und in welche Richtung wollen wir? Aus der Mythologie ist der Pfeil des Liebesgottes Amor bekannt. Durch seine Form ist der Pfeil ein männliches Symbol, und er ist mit dem Kriegsgott Mars verbunden.

Phallus
Der Phallus ist das männliche Fruchtbarkeitssymbol, der männliche Lebensstrom, die Potenz und die schöpferische Kraft. Er ist das Symbol für das eindringende Prinzip und erscheint zum Beispiel als Obelisk, Schwert, Stab, Fisch oder Säule.

Phönix
Der Phönix ist ein mythischer Vogel (Reiher), der manchmal als gehörnte Sonnenscheibe mit Flügeln dargestellt wird. Nach seiner Verbrennung erhebt sich der Phönix aus seiner eigenen Asche und ist damit das Symbol für Unsterblichkeit und Wiedergeburt, Transformation, Erneuerung und Auferstehung.

Regenbogen
Der Regenbogen symbolisiert die Brücke zwischen der Welt und dem Paradies und ist in der Mythologie der Thron des Himmelsgottes. Die griechische Göttin Iris, die geflügelte Botin der Götter, gilt ebenfalls als Repräsentantin des Regenbogens. Viele Kulturen kennen eine Regenbogengöttin in Gestalt einer Schlange. Im europäischen Volksglauben heißt es, daß man am Ende des Regenbogens einen Schatz finden kann. Unsere Farbenlehre basiert auf den sieben Farben des Regenbogens. Weiterhin verweist der Regenbogen auf Ganzheit, Transformation und Heilung sowie auf die sieben Stufen des Bewußtseins. Die Farben des Regenbogen entsprechen den Farben der sieben Chakras.

Schale
Die Schale steht für dieselbe Symbolik wie Kelch, Gral und Mondsichel. Sie ist ein weibliches Fruchtbarkeitssymbol in Form der schalenförmigen Gebärmutter, des empfangenden Prinzips.

Schlange
Die Schlange hat in verschiedenen Kulturen sehr unterschiedliche Bedeutungen. Einerseits ist sie bekannt als männliches Sexualsymbol, andererseits repräsentiert sie auch die weibliche Fruchtbarkeit in Gestalt der Göttin Gaia sowie Heilung und Erneuerung. Die Schlange Uroboros beißt als Zeichen für die ewigen kosmischen Kreisläufe in ihren eigenen Schwanz. Die Kundalini-Schlange, die an der Basis der Wirbelsäule aufgerollt ist, repräsentiert die Lebensenergie, wenn sie längs der Wirbelsäule nach oben kriecht. Die Schlange ist aber auch mit dem Bösen, dem Tod, dem Sündenfall und der Unterwelt verbunden.

Schmetterling
Die alten Griechen dachten sich die Seele (Psyche) als Schmetterling. Ein Schmetterling, der in einem Mandala erscheint,

kann Schönheit, Vergänglichkeit, Unsterblichkeit, Wiedergeburt oder Gestaltverwandlung anzeigen.

Schwert
Das Schwert ist ein männliches Symbol der Lebenskraft. Es steht für Führerschaft, Gerechtigkeit und Mut. Es ist ein phallisches Symbol, wobei die Schwertscheide die weibliche Ergänzung ist. Excalibur, das Schwert von König Artus, hatte magische Kraft. Das Schwert des Damokles steht für drohende Gefahr. Das Schwert ist auch die Waffe des Erzengels Michael und das Symbol für den Kriegsgott Mars.

Sonne
Die Sonne wird als Kreis mit einem Punkt in der Mitte, als Rad, als Scheibe, als Swastika, als Kreis mit nach außen gerichteten Strahlen oder durch einen Löwen als König der Tiere dargestellt. Die Sonne ist unsere kosmische Quelle von Licht, Wärme und Leben. Die innere Sonne gilt als das höhere Selbst. In allen Zeiten und Kulturen wurden Sonnengötter angebetet: Helios, Odin, Mithras, Indra, Quetzalcoatl, Ra, Christus. Sonnengöttinnen sind Amaterasu, Minerva, Sol, Sulis, Isolde, Deirdre. Die Sonne symbolisiert Willenskraft, Vitalität und Lebensfreude.

Spinnwebe
Die Spinnwebe gilt in vielen Kulturen als kosmisches Symbol, das die göttlichen Kräfte mit dem Lebensgewebe verwebt. Am Ende erkennt man eine Spiralform, von deren Zentrum aus Speichen (oder Radien) in alle Richtungen verlaufen. Arachne war die griechische Göttin des Spinnens, Webens und anderer Fadentechniken. Die Spinnenfrau der nordamerikanischen Indianer webt jeden Tag das Universum und trennt es nachts wieder auf. Die Spinnwebe hat eine natürliche Mandala-Form und symbolisiert Schöpfung und Zerstörung, Tod und Wiedergeburt.

Spirale
Die Spirale symbolisiert Leben und Tod, Ausdehnung und Zusammenziehung. Die Bewegung, die sie darstellt, wird sichtbar im Wirbelsturm, im Labyrinth und im Umlauf von Sonne und Mond. Außerdem verweist die Spirale auf psychisches Wachstum. Eine Spirale im Uhrzeigersinn kann auf etwas hinweisen, das aus dem Unbewußten manifest werden will, im Gegenuhrzeigersinn auf eine Rückkehr zum Kern oder zum Unbewußten.

Stern
Der Stern symbolisiert die Verbindung mit Sterngöttinnen wie Astarte, Esther, Ishtar, Inanna, Venus und Maria als Morgen- und Abendstern (der Planet Venus). Die ägyptischen Pharaonen wurden nach ihrem Tod mit dem Polarstern identifiziert. Sterne sind das Symbol der kosmischen Ordnung und stehen auch für die Seele (siehe auch Pentagramm und Hexagramm).

Swastika
Die Swastika ist ein vierarmiges Kreuz oder Hakenkreuz, deren Arme am Ende jeweils in dieselbe Richtung gebogen sind. Sie ist in vielen Kulturen ein heiliges und glückbringendes Symbol, das den Sonnen- und Mondumlauf in einer dynamischen Bewegung darstellt. Wenn die Arme im Uhrzeigersinn liegen, ist sie im allgemeinen ein Sonnensymbol oder symbolisiert das männliche Prinzip; im Gegenuhrzeigersinn steht sie für den Mond oder das weibliche Prinzip. In unserer Zeit hat die Swastika durch die Verwendung als Symbol des Nationalsozialismus eine negative Bedeutung bekommen.

Tiere
Tiere sind Symbole für unbewußte Aspekte und Antriebe in der Psyche des Menschen. Wenn ein bestimmtes Tier in einem Mandala erscheint, bedeutet dies eine bewußte oder unbewußte Beziehung zu den Eigenschaften dieses Tieres, worin

man einen bedeutsamen symbolischen Ausdruck der eigenen Persönlichkeit und des eigenen Verhaltens sehen kann. In Mandalas können unter anderem die nachfolgenden Tiere oder deren stilisierte Darstellungen erscheinen:

Hund: gehorsamer Freund des Menschen, Bewacher und Führer für die Verstorbenen im Jenseits (der ägyptische Gott Anubis).

Katze: die ägyptische Göttin Bastet; Nachttier, eigenwillig, geht eigene Wege.

Kuh: Symbol für Mutter Erde, mütterlich, nährend; die Hörner verweisen auf eine Beziehung zum Mond.

Löwe: Herrscher, König der Tiere, Sonnensymbol; steht für mächtige Energie.

Elefant: Der indische Gott Ganesha, Gott der Schreiberei und der Weisheit; schlummernde, unagressive Kraft.

Pferd: Edles Tier, verfügt im Märchen über Zauberkraft, arbeitet mit seinem menschlichen Reiter zusammen.

Tor

Ein Tor ist das Symbol für Transformation und Übergang in eine neue Phase. Die Jungfrau Maria wird als »Himmelspforte« bezeichnet. Es gibt eine Pforte zum Leben und eine Pforte zum Tod.

Tropfen

Tropfen können je nach ihrer Farbe und Menge in Mandalas vielfältige Bedeutung haben. Es hängt von der Grundstimmung des Mandala-Schöpfers ab, ob Regentropfen, Tautropfen, Blutstropfen oder Tränen der Freude oder des Kummers erscheinen. Tropfen können damit auf Reinigung, Fruchtbarkeit, Verwundung oder auf ein heiliges Ritual verweisen.

Viereck

Das Viereck oder Quadrat steht symbolisch für das irdische Leben, die irdische Materie, Stabilität, Ordnung und das rationale Denken. Es repräsentiert das Gleichgewicht zwischen den vier Jahreszeiten und den vier Windrichtungen. In Mandalas erscheint das Viereck oft in Kombination mit dem Kreis (Quadratur des Kreises), wodurch das Irdische in eine harmonische Beziehung zum Kosmischen gestellt wird. Ein Viereck, das gegenüber einem weiteren Viereck um eine Vierteldrehung verschoben ist, bildet einen achtzackigen Stern; das aufrecht stehende Viereck symbolisiert Stabilität oder Stillstand, das auf einer Ecke stehende Viereck zeigt Bewegung an.

Vogel
In fast allen Kulturen sind Vögel die Boten der Götter. Oft sind sie auch das Symbol für die unvergängliche Seele. Daneben werden Vögel mit Gedanken, Phantasien und Weisheit assoziiert.

Vulva
Die Vulva repräsentiert die weibliche Sexualität. Sie kann als Fisch, Mandorla, Auge, Mandel, Aprikose, Mund oder Muschel erscheinen.

Wolke
Die Wolke ist Regenbringerin und dadurch ein Symbol der Fruchtbarkeit. Wolken können auch etwas Wesentliches verhüllen. Als Nebel repräsentiert die Wolke das mythische Gebiet zwischen der Menschenwelt und dem Totenreich (Niflheim bei den Germanen).

Yin/Yang
Yin und Yang sind die Grundprinzipien des taoistischen Symbol T'ai-chi, des vollkommenen Gleichgewichts zwischen Polaritäten und Gegensätzen, das als s-förmige Unterteilung des Kreises, als eine helle und eine dunkle Fischblasenform dargestellt wird, wobei jeder Teil ein »Embryo« des Gegenteils in sich trägt. Yin ist weiblich, passiv, dunkel, feucht, instinktiv, intuitiv, weich und symbolisiert die Seele. Yang ist männlich, aktiv, hell, trocken, rational, hart und symbolisiert den Geist.

Zahlensymbolik

Viele der in Mandalas auftauchenden Symbole und Formen können auch nach ihrem Zahlenwert beurteilt werden. Zahlen repräsentieren eine wunderbare und mystische kosmische Harmonie und sind die Ursymbole, auf denen unsere Weltordnung beruht. Religiöse, philosophische und wissenschaftliche Traditionen wie die Kabbala, die Cheopspyramide, die Bibel, der Satz des Pythagoras, die moderne Mathematik, der Tarot, das I Ging, die Astrologie und die Numerologie basieren auf Zahlen.

In Mandalas sind Formen und Symbole immer irgendwie zählbar. Selbst das Fehlen einer (noch nicht angefertigten) Form ist bedeutungsvoll als Leere oder Nichtmanifestsein.

Null
Die Null wird als leerer Kreis dargestellt. Damit symbolisiert die Null das Nichts, das Ewige, die vollkommene Form und das Fehlen aller Dinge. Die Null ist das Nichtmanifeste, die Leere.

Eins
Die Eins wird durch einen senkrechten Strich dargestellt. Die Eins ist der Beginn aller Dinge, die Pionierin, die Essenz, die Schöpferin, das Individuelle, die Einheit und die Nichtdualität. Die Eins ist die Äußerung von Yang, der männlichen Energie, und wird allgemein als Gott, Tao, Ich-Bin betrachtet. In Mandalas steht die Zahl Eins für das Selbstbewußtsein, Initiative, Originalität, aber auch für Egoismus.

Zwei
Die Zwei ist das Symbol der Dualität, das Paar, der Zwilling, die Getrenntheit. Sie steht für Gleichgewicht und Stabilität, aber auch für Widerstreit und Polarität. Zwei ist Yin, die weibliche Energie. Die Zahl Zwei zeigt Vermittlung an, Zusammenarbeit, Harmonie, aber auch Entschlußlosigkeit.

Drei
Die Drei erscheint als die Triade und stellt die Integration der Zweiheit dar. Sie symbolisiert die schöpferischen Kräfte, Wachstum, Synthese (»aller guten Dinge sind drei«). Die Zahl Drei ist das Symbol für die heilige Dreifaltigkeit von Körper, Seele und Geist und die alles umfassende Gottheit Vater-Mutter-Kind. Aus dem alten Ägypten kennen wir den dreimalgroßen Hermes Trismegistos. In der griechischen und keltischen Mythologie begegnet uns die dreifache Göttin als Jungfrau, Mutter und weise Alte (Hekate, Brigid). In Mandalas kann die Zahl Drei Inspiration, Phantasie, Selbstausdruck und Selbstentfaltung anzeigen.

Vier
Vier ist die Zahl der Ordnung, Stabilität, Harmonie und des Rationalen. Sie ist das Symbol für die Erde und zeigt die vier Kardinalpunkte der Jahreszeiten, die Windrichtungen, die Mondphasen und die Elemente an. Vier ist die Verdoppelung der Dualität. In Mandalas kann die Vier für Systematik und analytisches Denken, für Aufbauwillen, praktische Ausgestaltung und Gesetzmäßigkeit stehen.

Fünf
Die Fünf ist (in Form des Pentagramms) das Symbol für den Menschen mit ausgestreckten Armen und Beinen. Sie repräsentiert die fünf Sinne und kündigt die Erscheinung des fünften Elements an, des Äthers. Wenn die Zahl Fünf in einem Mandala vorkommt, kann dies auf Veränderungen, Kommunikation und Anpassungsfähigkeit hinweisen. Weiterhin locken hier Freiheit und Abenteuer, und die Fünf kann auf Wanderlust hinweisen.

Sechs
Die Zahl Sechs bewirkt ein vollkommenes Gleichgewicht und die Integration verschiedener Polaritäten von männlich und weiblich, Feuer und Wasser, Luft und Erde und so weiter. Die

Ganzheit der Zahl Sechs äußert sich im Hexagramm, in den zwei übereinander geschobenen Dreiecken, die dadurch einen harmonischen sechszackigen Stern bilden. Die Abgeschlossenheit der Sechs ist auch durch den Mythos der Weltschöpfung repräsentiert, die sich in sechs Tagen vollzog. Die Sechs kann in einem Mandala auf Gesundheit, Glück, Kreativität, Harmonie, Ruhe und Häuslichkeit hinweisen.

Sieben
Die Sieben gilt in der ganzen Welt als heilige und mystische Zahl. Die Woche hat sieben Tage, es gibt sieben Hauptchakras, sieben Regenbogenfarben und sieben Töne der Tonleiter. Die Zahl sieben symbolisiert Intuition, Sensibilität und innere Weisheit. Wer eine besondere Beziehung zur Zahl Sieben hat, steht im Kontakt mit der Natur und der kosmischen Energie. Weiterhin hat man ein starkes Bedürfnis nach Alleinsein und Besinnung.

Acht
Acht ist die Zahl der Involution und Evolution. Die Acht symbolisiert Stabilität, Rhythmus, Erneuerung, Karma und Wiedergeburt. Die liegende Acht, die Lemniskate, bezeichnet die Unendlichkeit (»wie oben, so unten«) und ist eine der vielen Darstellungen des Gleichgewichts zwischen Gegenpolen (Himmel/Erde, Mann/Frau). In Mandalas erscheint die Acht oft als Ausdruck von Kraft, Ehrgeiz, Selbstvertrauen oder Verantwortungsbewußtsein.

Neun
Auch die Neun, die dreifache Triade, erscheint als heilige Zahl. Das Auftreten der Neun bedeutet Offenbarung, Erfüllung, Vollendung, Universalität und Kreativität. Die Neun symbolisiert Intuition, Liebe auf höherem Niveau und Mitleid. Sie kann auch auf Dienstbarkeit oder Geduld verweisen.

Zehn
Die Zahl Zehn ist die Grundlage unseres Zahlensystems, das auf den zehn Fingern basiert. Zehn ist die Rückkehr zur Einheit, die Vollkommenheit, die Vereinigung des Männlichen (eins) mit dem Weiblichen (null). Im Mandala zeigt die Zehn eine Umwälzung oder einen Neubeginn an.

Elf
Nach dem Neubeginn der Zehn symbolisiert die Elf als Zahl mit transzendentem Charakter den endgültigen Durchbruch und erweiterte geistige Erkenntnis. Als solche steht die Elf für Intuition, Träume, Visualisierung und hellsichtige Bilder. Die Zahl Elf hat auch mit Altruismus, Führerschaft, Beseelung und Idealismus zu tun.

Zwölf
Die Zahl Zwölf steht für kosmische Ordnung und Zeit: Zweimal zwölf Stunden für einen Tag, zwölf Monate, zwölf Tierkreiszeichen, zwölf Apostel, zwölf griechische Götter. Die Zwölf gehört zur entwickelten Seele und zeigt innere Kraft und Weisheit an.

Dreizehn
Die Dreizehn kann einen Neubeginn bezeichnen, aber auch ein Ende, Tod und Regeneration. In der Mythologie ist die Dreizehn oft eine Unglückszahl; man denke etwa an die Zahl der Jünger beim letzten Abendmahl und die düsteren Prophezeiungen der dreizehnten Fee im Märchen von Dornröschen. In der *Wicca*-Tradition besteht ein »Coven«, ein Hexenkreis, aus dreizehn Mitgliedern. Im Mandala kann die Zahl Dreizehn auf Veränderungen, Transformation oder Befreiung hinweisen.

Farbsymbolik

Mandalas sind ganz hervorragend geeignet, um auf phantasievolle und schöpferische Weise seine eigene Farbe zu entdecken. Das Spiel der Farben kann uns Genuß verschaffen und bei der Betrachtung Befriedigung schenken. Unsere Augen nehmen die subtilen Farbabstufungen wahr, die im Gehirn registriert werden und dadurch unsere Stimmung beeinflussen und ändern können.

Schon die alten Ägypter, Griechen und Chinesen wußten, daß Farben Einfluß auf das menschliche Gemüt haben, und daß man Krankheiten mit Farbtherapie heilen kann. Spätere Farbforscher wie Paracelsus, Newton und Goethe legten die physikalischen und psychologischen Grundlagen für die heute in der Farbenlehre gebräuchlichen Prinzipien.

Die Farbpsychologie beschäftigt sich mit den praktischen Anwendungen von Farben und Farbkombinationen bei der Kleidung, in der Innenarchitektur und in der Malerei, und sie findet in der alternativen und schulmedizinischen Heilkunde therapeutische Anwendung. Alle Farben entstehen aus weißem Licht. Der Regenbogen enthält alle sieben für uns sichtbaren Farben. Ein Prisma, eine Pyramide, eine in Facetten geschliffene Kugel oder ein einfaches Stück Bergkristall erzeugen ein herrliches Farbenspiel, wenn das Sonnenlicht hindurchtritt.

Die Chakras entsprechen den Farben des Regenbogens und zeigen die sieben Bewußtseinsstadien an, die der Mensch erreichen kann.

Aus den drei Primärfarben Gelb, Rot und Blau entstehen die Sekundärfarben: Rot und Gelb ergibt Orange, Rot und Blau ergibt Violett, Gelb und Blau ergibt Grün. Komplementäre Farbenpaare sind Rot und Grün, Gelb und Violett, Blau und Orange.

Indigo entsteht, wenn alle sechs oben genannten Farben miteinander gemischt werden, und diese Farbe vereinigt dadurch alle Energien in sich. Nachfolgend eine Übersicht über die esoterische und psychologische Bedeutung von Farben.

Rot
Rot ist eine dynamische, aktive Farbe von männlichem Charakter. Es ist die Farbe des Blutes, sie symbolisiert Lebensenergie und Lebensfreude und wirkt dadurch stimulierend auf Sinne und Seele. Rot ist auch die Farbe des Kriegsgottes Mars und zeigt damit Aggression an. Rot ist weiterhin die Farbe des Feuers; Feuer wärmt, aber kann auch zerstören. Rot steht außerdem für Leidenschaft, emotionales Feuer und Spiritualität. Eine Vorliebe für Rot kann für Transformation, starke Willenskraft oder den Wunsch stehen, aufzufallen. Rot ist die Farbe des ersten Chakras (Wurzelchakra), womit es auf Verwurzelung und Körperbewußtsein verweist.

Orange
Orange ist eine freudvolle Farbe, die man beim Sonnenaufgang und in einem Feuer wahrnimmt. Orange bewirkt Begeisterung, schenkt Energie und kräftigt die Seele. Liebhaber von Orange suchen nach dem Kern der Dinge und sind optimistisch. Orange hat eine feinsinnige Ausstrahlung; es hilft, Emotionen zu ordnen und gibt Selbstvertrauen. Orange ist die Farbe des zweiten Chakras (Sakralchakra) und symbolisiert Sexualität und Beziehungen.

Gelb
Gelb strahlt vom Mittelpunkt aus und verträgt keine Begrenzung. Gelb ist das natürliche Symbol der Sonne, unserer Lichtspenderin; es wirkt erwärmend, erhellend, fröhlich und schenkt Lebensenergie. Diese Farbe ist mit ihrem männlichen Charakter endlos durchdringend und heiter. Gelb stärkt die Ich- und Denkkräfte, regt die Intuition an und öffnet die Pforten zu Weisheit und höherer Einsicht. Es ist die Farbe auf dem Weg zu voller Reife, Erleuchtung und Erlösung. Schmutziges Gelb kann auf Krankheit hinweisen. Strahlendes Gelb ist die Farbe des dritten Chakras (Solarplexuschakra) und ist mit Energie, Macht und Emotionen verbunden.

Grün
Grün ist die Farbe der pflanzlichen Natur. Es ist die Farbe der Devas und Naturgeister. Grün symbolisiert Wachstum und den Frühling, wirkt beruhigend und harmonisierend und schenkt Gleichgewicht. Es erzeugt Ruhe und eine entspannte Atmosphäre. Weiterhin ist Grün nährend, erfrischend und heilend. Als symbolische Farbe des Herzens steht es für Friede und Liebe, aber auch für Veränderungen und Eifersucht. Grün ist die Farbe des vierten Chakras (Herzchakra) und zeigt unbedingte Liebe und Mitleid an.

Blau
Blau ist die Farbe des klaren Himmels und des tiefen Wassers und symbolisiert damit Offenbarung, Frieden und Heiterkeit. Diese Farbe hat einen kühlen, klaren und beruhigenden Charakter. Blau ist weiblich; es ist die Farbe Marias als Archetypus der Großen Mutter. In Blau begegnet man dem Schatten und der kosmischen Tiefe. Blau hat die Neigung zum Rückzug und verstärkt die Tendenz zu psychischer Unabhängigkeit, zu Hingabe des Selbst, Verinnerlichung und intuitivem Wissen. Blau ist die Farbe des fünften Chakras (Kehlchakra) und symbolisiert Kreativität, Sprache und inneres Hören.

Indigo
Indigo ist ein intensives Dunkelblau, das durch die Vermischung aller Spektralfarben entsteht. Diese Farbe steht an der Schwelle zwischen dem noch Wahrnehmbaren und dem Unsichtbaren, wodurch sie einen mystischen und meditativen Charakter erhält und das Symbol für das universelle Bewußtsein ist. Indigo ist die Farbe des sechsten Chakras (Stirnchakra) und gehört zum dritten Auge, zu Hellsichtigkeit und Intuition.

Violett
Violett entsteht aus der Vermischung von Blau und Rot. Es ist eine Farbe, die durch ihren kosmischen Charakter mystische

Inspiration erweckt. Als Purpur ist diese Farbe königlich und symbolisiert Hingabe und Transformation. Ihre Stimmung ist individualistisch, empfindsam und zeigt die Neigung zu Introspektion, aber auch Bußfertigkeit an. Violett wird neben Weiß als Farbe für das siebte Chakra (Scheitelchakra) benutzt und zeigt Verbindung mit dem Kosmischen, Erleuchtung und Ekstase an.

Rosa
Rosa ist eine Mischung von Rot und Weiß und zeigt Liebe, Zärtlichkeit und Schutzbedürftigkeit an. Diese Farbe verweist auf das Kind in uns und auf die weibliche Seite.

Weiß
Weiß symbolisiert das Nichts, die transzendente Vollkommenheit, Erleuchtung und Reinheit. Weiß ist kühl, objektiv und jungfräulich. Weiß zeigt an, daß das Ichgefühl erwacht. Weiße Flächen im Mandala deuten auf die Bereitschaft zu inneren Veränderungen, die Erwartung von etwas Neuem, manchmal aber auch den Verlust von Energie. Weiß wird wie Violett oft als Farbe des siebten Chakras (Scheitelchakra) benutzt und symbolisiert das Kosmische, Erleuchtung und Ekstase.

Schwarz
Schwarz ist die Farbe der Finsternis und des Todes. Es begrenzt sich selbst, ist geheimnisvoll und zeigt fehlendes Bewußtsein an. Weiterhin steht es für Depression, Kummer, Angst und Trauer. Schwarz zieht nach innen, ist unangreifbar, beinhaltet aber auch die Erwartung der Geburt von etwas Neuem (dunkle Gebärmutter, Höhle). Es ist auch die Farbe, die etwas Verletzliches schützen kann. Bei Mandalas bietet Schwarz die Möglichkeit, die eigenen Schattenseiten mit dem Selbst zu integrieren. Göttinnen der Finsternis sind unter anderem die schwarze Madonna, die indische Göttin Kali, die keltische Morgan le Fay und die griechische Hekate.

Grau

Grau symbolisiert Neutralität. In der Natur finden wir Grau als Farbe von Nebel, Dunst und Asche. Es ist eine unauffällige Farbe, die aber auch Weisheit anzeigen kann (die grauen Haare der weisen Alten). Völker vieler Kulturen benutzen graue Steine, um einen heiligen Raum zu markieren. Psychisch und spirituell zeigt eine graue Periode oder Sphäre das Übergangsgebiet zwischen dem Bekannten und dem Unbekannten an.

Braun

Braun ist eine warme Farbe, die Häuslichkeit und Mütterlichkeit und einhüllendes Wirken symbolisiert. Braun schafft den Boden unter den Füßen; es ist die Farbe der Erde, des Herbstes und die Farbe von Holz. Es kann aber auch auf Nüchternheit, Buße oder eine Konfliktsituation hinweisen. Braun hat einen zurückhaltenden Charakter, wodurch es auf ein geringes Selbstwertgefühl oder blockierte Energie hinweisen kann.

Gold

Gold ist ein Edelmetall, und der Farbton symbolisiert das kosmische Licht der Sonne. Bei einem Mandala verweist Gold auf die Vollkommenheit und das höchste Stadium spiritueller Entwicklung. Gold steht für die männliche Energie.

Silber

Silber ist als Edelmetall das weibliche Gegenstück des Goldes und symbolisiert den Mond als spiegelnden Himmelskörper, als den Glanz der Nacht. Silber gilt als schützendes Element gegen negative Kräfte.

Mandala-Zeichnung von Anneke Huyser

6.
Deutung von Mandalas

Beschreibung des Mandalas auf der Titelseite

Dieses Mandala mit dem Titel »Inneres Feuer« habe ich mit Aquarellstiften gezeichnet; es ist in Originalgröße abgebildet.

Zunächst habe ich mit dem Zirkel einen Kreis geschlagen und mit dem Lineal die Kreuzform eingezeichnet. Dann habe ich vom Mittelpunkt aus den kleinen Innenkreis gezeichnet, anschließend die vier umliegenden Kreise. Um die vier Kreise habe ich mit dem Zirkel einen etwas größeren Dreiviertelkreis und um den ursprünglichen ersten Außenkreis einen zweiten gezogen. Dies war das Gerüst, die ersten mit Bleistift gezeichneten und später teilweise wieder ausradierten oder übermalten Hilfslinien.

Danach habe ich keine Hilfslinien mehr verwendet, sondern das Mandala intuitiv mit den Buntstiften weitergezeichnet.

Dieses Mandala war innerhalb von nicht mehr als drei Stunden vollendet. Ich habe also sehr rasch und impulsiv gearbeitet. Einige der mit Bleistift gezeichneten Hilfslinien habe ich mit Buntstiften nachgezogen. Auf den noch nicht ausgefüllten Flächen entstanden rasch die ersten Formen. Ich hatte davor noch keinerlei Vorstellung, was ich zeichnen wollte, und danach war ich sehr überrascht über die scheinbar aus dem Nichts entstandenen Symbole.

Das Symbol in der Mitte wird durch ein rotes und ein blaues Dreieck, die ineinander geschoben sind, gebildet, für mich stellen sie die männliche und die weibliche Energie dar. Dies wird zusätzlich betont durch die umgebenden Mondsicheln (empfangend, weiblich) und die strahlenden Sonnen (eindringend, männlich). Die Sonnen sind als achtzackige Sterne dargestellt, was auf Kraft, Stabilität, aber auch auf Erneuerung hinweisen kann. Die Sonnen, Mondsicheln und Dreiecke sind in ein blaues Viereck eingezeichnet, das von einem roten Kreis umgeben ist; in den Randabschnitten erscheinen vier gelbe Halbkreise. Dieses Ganze ist wiederum umgeben von einem grünen Kreis in einem grünen Viereck. Aus den Ecken des grünen Vierecks wachsen orangefarbene pfeilförmige Spitzen, die von lilienförmigen Kronen mit ineinander verlaufenden Farben umgeben sind, die zwischen Gelb und Grün variieren. In dieser Weise ist ein Andreaskreuz im Mandala entstanden. Zwischen den Armen des Kreuzes wird im Hintergrund ein rot-weißes Viereck sichtbar, das in jeder Ecke ein blau umrandetes mandorlartiges Auge mit einer violetten Iris enthält. Die Ecken des Vierecks kann man auch unabhängig voneinander betrachten; dann sind es kegelförmige rote Dreiecke (das Element Feuer), aus denen orange-gelbgrüne Flammen aufsteigen. Die Dreiecke, Augen und Flammen sind von blauen Kreisen umgeben. Es ist, wie wenn die Kreise für die Kraft der Flammen zu klein wären, die tatsächlich die Grenze des Kreises überschreiten und in den ebenfalls blauen äußeren Kreis hineinreichen. Eine besonders kräftige und eigenwillige Flamme ragt sogar über den Außenkreis hinaus. Will sich dieses Feuer nicht begrenzen lassen? Um es zu wiederholen: Ich habe alle Farben, Formen und Symbole dieses Mandalas intuitiv ohne jegliche vorherige Planung gewählt. Im übrigen ist die obige Besprechung der Symbolik der vorkommenden Formen, Zahlen und Farben bei weitem nicht erschöpfend.

Was bedeutet dieses Mandala für mich in diesem Stadium der Analyse?

Wenn ich das Mandala aus der Distanz betrachte, fallen mir in diesem Augenblick die folgenden Formen auf: Die Flammen, die in ihrer Wiederholung einen Kreis bilden, das orange-gelb-grüne Andreaskreuz, die blaue Farbe des inneren Vierecks, die vier blauen Kreise um die Flammen und der blaue Außenkreis.

Dies liefert mir die folgenden Schlüsselworte:
1. Formen: Kreuz, Andreaskreuz, Viereck, vier kleine Kreise, ein Außenkreis, Flammen.
2. Zahlen: Vier, Eins.
3. Farben: Orange, Gelb, Grün, Blau; Rot und Violett kommen ebenfalls im Mandala vor, fallen mir im Moment jedoch weniger auf.

Über mein Mandala kann ich damit kurz folgendes aussagen: Es symbolisiert meine innere Energie (Feuer) und drückt meine Suche nach dem Gleichgewicht zwischen meiner männlichen und meiner weiblichen Seite aus. Da alle Farben des Spektrums in meinem Mandala vorhanden sind, steht das Mandala für meine gesamte Persönlichkeit. Für mein Gefühl springt die Farbe Blau am stärksten hervor; dies bedeutet für mich die Verbindung mit dem Archetypus der Großen Mutter, meine intuitiven Gaben, Besinnung, Ruhe und die Hingabe an meine meditative Seite. Das Flammenkreuz und das darüberliegende Andreaskreuz drücken zusammen eine dynamische Bewegung aus. Die Zahl Vier, die verschiedenen Vierecke sowie die vierarmigen Kreuze symbolisieren mein Bedürfnis nach Ordnung, Stabilität und Harmonie. Die Kreise assoziiere ich mit Einheit und schützenden Lebensräumen, in denen sich die kosmische Ganzheit ausdrückt. Die Farben Orange, Gelb und Grün repräsentieren für mich Begeisterung, Lebensenergie und Gleichgewicht in der Natur. Das Rot in meinem Mandala erscheint in dem roten Dreieck in der Mitte, in der roten Kreuzform um das blaue Viereck, in dem großen Viereck zwischen dem Andreaskreuz und als acht Dreiecke in den auswärts strebenden Armen des Andreaskreuzes. Rot bedeutet für mich Dynamik und den Gegenpol zu dem beruhigenden Grün und Blau. Violett »umarmt« gewissermaßen die vier blauen Kreise und befindet sich in dem rautenförmigen Raum in der Mitte des Mandalas. Violett an letzter Stelle sagt mir, daß in meinem Innersten die männlichen (roten) und weiblichen (blauen) Kräfte dabei sind, sich miteinander zu vermischen.

Dieses Mandala fertigte ich am Himmelfahrtstag 1992 an, und ich habe es »Inneres Feuer« getauft.

Beschreibung der acht farbigen Abbildungen gezeichneter, gemalter und gestickter Mandalas

1. Die Reise nach Innen

Dieses Mandala wurde intuitiv mit Aquarellstiften gezeichnet und hat im Original einen Durchmesser von 10 cm. Die einzige mit dem Zirkel gezeichnete Hilfslinie ist der Umfang. In der gelben Mitte erscheint eine linksdrehende orangefarbene Spirale, der Erkundungsweg in das eigene Innere. Von dort öffnet sich eine achtzackige, rosettenförmige Blume in den Farben Blaugrün-Orange-Rot. Dahinter befindet sich ein gelbblauer Lotos auf grünem Untergrund, umgeben von einem violetten Kreis. Die beiden Blütenformen treten als natürliches, ausgewogenes Ganzes in Erscheinung. Die Blütenblätter der Rosette sind mit acht kleinen Kreisen miteinander verbunden. Die blaugrüne Unterseite der Blütenblätter verleiht dem Mandala Tiefe, und es entsteht der Eindruck, als ob sich die Spirale immer weiter nach innen bohren würde. Der violette Kreis verleiht dem Ganzen einen kosmischen Anstrich. Dieser Kreis ist einem orangefarbenen, auf die Spitze gestellten Viereck und einem grünen, aufrecht stehenden Viereck eingeschrieben, in deren abgerundete Ecken acht rot-blaue und blau-rote Kreise gezeichnet sind. Der Hintergrund ist gelb. Abgeschlossen wird das Ganze von einem breiten roten Kreis und einem feinen tiefvioletten Kreis als Außenrand. Dieses Mandala ist von der Zahl Acht geprägt: Sie tritt in den beiden Blütenformen, in den beiden Kreisreihen und den beiden Vierecken, die zusammen einen achtzackigen Stern bilden, auf.

Die Acht kann hier für Kraft, Erneuerung, Gleichgewicht und Wiedergeburt stehen. Dieses Mandala habe ich als erstes einer Serie gezeichneter Mandalas angefertigt, wobei ich kräftigere und intensivere Farben benutzte als vorher. Die rote Blüte und der rote Kreis stehen meinem Gefühl nach stark im Vordergrund, was meine erneuerte Lebensenergie und die sich daraus ergebende Transformation symbolisieren kann. Die männliche rote Blüte ist beweglich und tritt aus dem stabilen weiblichen blauen Lotos nach vorne heraus.

2. Weisheit

Dieses Mandala wurde mit Hilfe von Zirkel und Lineal entworfen und mit Aquarellstiften gezeichnet (Durchmesser 10 cm). Durch die übereinander gezeichneten Kreise entstanden verschiedene mandorlaähnliche Flächen, die die weibliche Sexualenergie symbolisieren. In der Mitte befinden sich zwei sich überschneidene Kreuzformen in einem dunkelgrünen Kreis, der einem hellgrünen Viereck eingeschrieben ist. Die rote Kreuzform ist Teil von vier einander überschneidenden Kreisen. Auf den Ecken des hellgrünen Vierecks, die man auch als selbständige Pyramiden betrachten kann, befinden sich blaue Horusaugen auf einer rosa Fläche. Durch die vier roten Kreise verlaufen vier violett umrandete Kreise. Auf den gelborangen Flächen in diesen Kreisen sind Mondsicheln (weibliche Energie) dargestellt, in denen die Sonne (männliche Energie) ruht. Das Andreaskreuz, das zwischen den violetten Kreisen erscheint, wird von blau-roten ägyptischen Lotossen (Fruchtbarkeit und Symbol des Sonnengottes) mit dunkelgrünen Blättern auf einem hellgrünen Hintergrund gebildet. Das Ganze ist umrahmt von einem orangefarbenen und einem türkisen (blau-grünen) Rand.

In diesem Mandala tritt die Zahl Vier bei fast jedem Symbol auf. Das deutet auf meine rationale und analytische Seite und mein Bedürfnis nach Harmonie und Stabilität. Die konkreten Symbole stammen sämtlich aus dem alten Ägypten und spiegeln meine Vorliebe für die Weisheit und das Wissen der ferneren Vergangenheit. Im Vordergrund stehen die Farben Gelb, Orange und Grün, die für mich höhere Weisheit, Energie und Harmonie bezeichnen.

3. Lotos
Das Lotos-Mandala ist mit Aquarellstiften mit Hilfe von zwei Schablonen und einem mit dem Zirkel gezeichneten Umfang (Durchmesser 23 cm) gezeichnet. Die blattförmige Schablone wurde achtmal angelegt, wodurch eine Blüte (gelb-orange-rot) entstand. Die Blätter überschneiden sich achtmal, so daß in der Mitte ein ebenfalls achtstrahliges Herz (rosa-violett) entstand. Die mandelförmige zweite Schablone wurde nur teilweise verwendet, so daß ein Blätterkranz (grün-blau) um die Blüte entstand. Das Ganze ist umrandet von dem von Rosa in Rot übergehenden Umfang. Die Schablonen wurden freihändig auf ein Stück Pappe gezeichnet, ausgeschnitten und anschließend aufgetragen, ohne auf die Zahl der entstehenden Blätter zu achten. Die Farben für dieses Mandala wurden intuitiv gewählt. Der äußere Kranz besteht aus sechzehn Blättern und entspricht daher dem sechzehnblättrigen Lotos des Kehlchakras. Durch die Anwendung zweier einfacher Schablonenformen strahlt dieses Mandala für mich eine energiespendende Ruhe aus. Die Blüte hat kosmischen Ursprung (violett) und breitet ihre gelb-orange-roten irdischen Blätter auf einer Schale von sechzehn Blättern aus, die die vom Herzen (grün) kommende Kreativität (blau) symbolisieren. Der rosa-rote Kreis verweist auf ein Wachstum des Kindlichzarten in mir, das sich in eine dynamische, willenskräftige Lebensenergie verwandelt.

4. Energie 1
Dies ist ein intuitiv mit Wasserfarben in der Naß-in-Naß-Technik gemaltes Mandala von 21 x 30 cm Größe. Verwendet wurden die drei Farben Gelb, Rot und Blau. Orange und Grün ergaben sich durch Mischung während des Malens. Dieses ganz einfache Mandala entstand rasch und intuitiv. Ich

habe in der Mitte mit dem gelben Kreis begonnen, und durch Mischung mit dem Rot entstand der orangefarbene Kreis. Rot und Blau sind kaum miteinander vermischt; das später aufgetragene Blau ist dagegen mit dem Gelb, das das Papier vollständig ausfüllt, zu Grün vermischt. Es fällt auf, daß das männliche Rot und das weibliche Blau einander berühren, sich aber nicht vermischen. Dennoch vermittelt das Mandala einen lebendigen Eindruck, vermutlich gerade durch den Rot/Blau-Kontrast. Auffällig ist, daß das Mandala in der Mitte mit Gelb beginnt und dann über Orange und Rot offensichtlich eine Grenze erreicht, an der Blau beginnt, das über Grün wiederum als Gelb endet. Die drei Hauptfarben kehren als gewellte Speichen wieder, die über alle Kreise verlaufen. Rot und Blau bilden jeweils ein vierarmiges Kreuz, Gelb ein achtarmiges Kreuz, wodurch ein sechzehnspeichiges Rad entstanden ist. Ich nehme hier ein Gleichgewicht wahr, wobei die gelbe Farbe im Vordergrund steht und eine lebendige Energie ausdrückt. Da die Farbe der Kreise noch naß war, ist die Farbe der Speichen etwas verlaufen. In der Mitte entstand dadurch eine Vermischung der Farben. Nach außen zu sind die Speichen immer zarter geworden, da das äußere Gelb über die Speichen gemalt ist.

5. Energie 2

Das Mandala ist intuitiv von der Mitte aus mit Ölpastellfarben gezeichnet und hat einen Durchmesser von 20 cm. Ich war damals in einer bedrückten und niedergeschlagenen Stimmung, wodurch ich mich in meiner kreativen Energie blockiert fühlte. Instinktiv nahm ich ein Blatt Papier und Ölkreide. Innerhalb einer Viertelstunde zeichnete ich mit raschen Bewegungen ein Mandala. Es entstand eine in der Mitte rotblaue Blüte mit sechs Blättern, die nicht sonderlich symmetrisch gezeichnet sind, in einem rosa Kreis mit einem achtzehnzackigen roten Stern. Als ich dies mit einem blauen Kreis umgab, mußte ich auch die Räume zwischen den Spitzen des bereits gezeichneten Sterns ausfüllen. Wegen der stumpfen

Spitze der Kreide war dies nicht ganz einfach, so daß sich etwas Rot mit dem Blau vermischte, wodurch ein etwas fleckiges Violett entstand. Dem roten Stern verlieh ich mit roter Kreide dann wieder seine ursprüngliche Kontur, und mit violetter Kreide zeichnete ich auf die roten Sternspitzen kleine Dreiecke. Dann folgten relativ schnell die übrigen Kreise in den Farben des Regenbogens. Blau und Gelb vermischte ich auf dem Papier mit den Fingern zu Grün, ebenso Gelb mit Rot zu Orange. Rot mit Blau ergab in derselben Weise Violett. Da ich das Mandala mit einem runden Passepartout umgab, verschwand der blaue äußere Rand. Als das Mandala fertig war, stellte ich fest, daß meine bedrückte Stimmung weitgehend verschwunden war. Ich freute mich über mein Mandala, dessen heller gelber Ring mir am meisten auffiel. Die sechsblättrige Blume in dem sternförmigen Kreis springt gewissermaßen aus dem blauen Wasser des Unbewußten hervor und repräsentiert für mich die zarte männliche und weibliche Energie, die als starke männliche Kraft im achtzehnzackigen roten Stern (3 x 6 = 18) erscheint. Der Stern ist noch nicht wirklich mit dem umgebenden weiblichen blauen Kreis verbunden, abgesehen von dem schmutzig-fleckigen Violett an einigen Stellen zwischen den Sternspitzen. Von Integration kann hier nach meinem Gefühl noch nicht die Rede sein.

6. *Die Quelle*

Dieses Mandala habe ich intuitiv aus der Mitte gestickt (Durchmesser 27 cm). Ich hatte mir dabei vorgenommen, meine positiven und fröhlichen Seiten zu verarbeiten. Ich begann mit dem Sticken einer roten Kreuzform in der Mitte, um anschließend mit Orange, Gelb, Grün, Blau und Violett alle Chakras darzustellen. Diese Grundform bezeichnet die erste Phase des Mandalas und ist von einem gezackten violetten Rand umgeben, der Figuren wie Dreiecke, Vierecke und Pfeile umfaßt. Nach dem schlichten Violett wählte ich als Kontrast das übermütige Gelb, dem sich als nächstens ein grüner Rand anschließt. Zwischen den Eckpunkten der Grundfläche entstand eine kelchartige Figur, die ich mit violett umrandeten weißen Vierecken auffüllte. Vom Mittelpunkt aus verläuft ein rotes Andreaskreuz durch diese Kelche. Die Enden des Kreuzes münden in eine blau-rote Blüte. In derselben Linie verläuft das Andreaskreuz weiter bis über das Regenbogen-Achteck hinaus. Für mich ist dies eine Art Antenne für meine Verbindung mit dem Unbegrenzten, dem Nichtmanifesten. Aus der Mitte entspringt auch das aufrecht stehende rote Kreuz, das beim Gelb des Regenbogens endet. Dazwischen durchlaufen die Arme des Kreuzes einen roten Trichter, in dem eine Art Glühlampe in die Ecken eines auf der Spitze stehenden Vierecks strahlt (die Erleuchtung?). Dieses Viereck bindet die zweite Phase des Mandalas. Die Grenzen dieses Vierecks werden von dem aufrecht stehenden roten Kreuz und von den rot-blauen Blüten des Andreaskreuzes überschritten. Das auf der Spitze stehende Viereck wirkt sehr transparent und enthält bereits Elemente, die Blumen und die Farbe Rosa, für das aufrecht stehende Viereck. Zusammen bilden diese beiden Vierecke einen achtzackigen Stern (dritte Phase), der von einem königsblauen Kreis mit einem feinen rosa Rand umgeben ist (vierte Phase). Abgeschlossen wird das Mandala von einem Achteck in den Regenbogenfarben (Chakra-Farben) in umgekehrter Reihenfolge; dies ist die fünfte Phase, so daß Rot sowohl die Anfangs- als auch die Endfarbe ist. Zwischen dem blauen Kreis und dem Achteck erscheint eine lila Fläche, in die Vierecke in den Farben Rot, Orange, Gelb, Grün, Blau, Violett, Weiß und Schwarz eingesetzt sind.

Das Mandala ist von der Mitte aus gearbeitet und zeigt daher eine Bewegung nach außen an. Aufgrund verschiedener Symbole sehe ich aber auch eine nach innen gehende Wirkung, insbesondere durch das aufrecht stehende Kreuz, das im inneren gelb-orangenen Viereck vier zum Mittelpunkt weisende Pfeile aufweist. Auch auf dem Andreaskreuz sind über die Blume vier rote Pfeilspitzen nach innen gerichtet, während der violette Kelch einen Pfeil enthält, der noch durch den rosa Rand betont wird, welcher sich in ein grünes Viereck bohrt.

Das Ganze deutet für mich auf eine Wechselwirkung zwischen meiner inneren und meiner äußeren Erlebniswelt. Die beiden roten irdischen Kreuzformen aus der Mitte treten in Verbindung mit den kosmischen Kräften aus dem Nichtmanifesten, der großen Leere; aber auch die Regenbogenfarben als Brücke zwischen der Welt und dem Paradies symbolisieren die Synthese. Der große blaue Kreis bezeichnet für mich ein ozeanisches Gefühl, die urweibliche Energie, die Bande mit der Großen Mutter. Dieses Mandala verweist sowohl auf meinen irdischen Ursprung als auch auf meine kosmische Herkunft und damit auf die Verbindung mit meinem tiefsten inneren Wesen oder dem höheren Selbst. Beim Sticken dieses Mandalas entstand die Idee zu diesem Buch.

7. Angst und Verlangen

Das Mandala ist von der Mitte aus intuitiv gestickt und hat einen Durchmesser von 29 cm. Mit diesem Mandala wollte ich meine verwandtschaftlichen und liebevollen Empfindungen bezüglich meines Partners, meiner Kinder, Angehörigen, Freunde und Bekannten, kurz aller Menschen in meiner Umgebung näher erkunden. Ich begann mit einem blau-violetten Kreuzstich in der Mitte, der sich zu einer Kreuzform mit vier orange-violetten Armen entwickelte. Ich arbeitete mit Violett weiter, und es erschienen vier kleine Herzen, die mit Rosa, und vier, die mit Grün ausgefüllt wurden. Beim weiteren Sticken entstanden verschiedene Phantasieformen, die sich später als orangefarbene spiralförmige Widderhörner und grüne nach innen gerichtete Pfeile erwiesen. Die letztgenannte Form könnte auch eine königskerzenartige Pflanze sein, die aus den fuchsiafarbenen Herzen entspringt. In der fuchsiafarbenen, gelben und orangen Umrandung erkenne ich eine Blume mit acht lotosförmigen Blättern, die wiederum mit acht grünen Blättern umrahmt sind. Es scheint, als ob die Blume auf einem hellgelben Untergrund schweben würde, durch den man einfach hindurchblicken kann. Zunächst versuchte ich, meine liebevollen und höheren spirituellen Gefühle auf diese

Blume zu projizieren. Ich stickte mit Feuereifer und sprudelte über vor »Spiritualität«. Das dachte ich wenigstens, denn als diese Phase des Mandalas fertig war und ich es einmal aus der Distanz betrachtete, sah ich eine für mein Gefühl doch äußerst langweilige Blume. Sie hatte zwar eine schöne Form, aber im übrigen war sie sehr zerbrechlich und zuckersüß. Hier mußte etwas geschehen, denn wenn dies eine Spiegelung meiner spirituellen Liebesgefühle war, dann mußte ich dabei einschlafen. Daher stickte ich schnell ein orangefarbenes senkrecht stehendes Viereck und ein grünes auf der Spitze stehendes Viereck, und in das Ganze stickte ich als Gegenreaktion sechzehn kräftig blaue, vier kräftig gelbe und vier kräftig rote Dreiecke. Als ob dies noch nicht genug gewesen wäre, erschienen in dem senkrecht stehenden Viereck vier elfenbeinfarbene Wächter in einem schwarzen Dreieck und in dem auf der Spitze stehenden Viereck vier schwarze Bauern in einem weißen Dreieck. Ein größerer Kontrast war für mich zu diesem Zeitpunkt kaum vorstellbar! Was sollte dies nun bedeuten? Die sechzehn blauen Dreiecke schienen dem sechzehnblättrigen Lotos des Kehlchakras zu entsprechen, meine weiblichen schöpferischen Kräfte symbolisierend. Diese wurden nach meiner Vorstellung von den vier roten (männliches Feuer) und den vier gelben (Sonnenfeuer, Intellekt) Dreiecken »bedroht«. Die elfenbeinfarbenen Wächter waren weiße, noch nicht ausgefüllte Stellen in meinem Leben, die noch durch die düsteren schwarzen Dreiecke meiner unbewußten Ängste betont wurden. Die schwarzen Bauern ließen diese Ängste zu allem Überfluß nochmals aus dem weißen Dreieck hervorspringen. Dadurch wurde mir klar, daß zwischenmenschliche Beziehungen nicht nur aus weichen spirituellen und subtilen liebevollen Gefühlen bestehen, sondern daß auch Angst, Kummer und Spannung zwischen männlichen und weiblichen Kräften ihren Platz im Beziehungsganzen haben und daß dieser Prozeß »Leben« heißt.

Nach dieser Phase entstand im Mandala mit den Farben Hellblau (Wasser, Emotionen), Dunkelrot (Blut, Lebensenergie), Orange (Wärme, Freude), Gelb (Sonne), Fuchsiarot und Violett (Spiritualität) eine Fläche um die beiden Vierecke. Um die Eckpunkte des aufrecht stehenden Vierecks liegen acht Tropfen, die meine jetzt bewußt zugelassenen Ängste und Besorgnisse und die vielen Tränen repräsentieren, die ich ihretwegen weinen mußte.

Die letzte Phase dieses Mandalas bildet ein hellblau umrandetes, auf der Spitze stehendes Viereck, in dessen Ecken eine menschliche Gestalt mit erhobenen Armen und einem Strahlenkranz um das Haupt zu sehen ist. Die Form kann auch als Gralskelch mit einem darin befindlichen Blutstropfen gesehen werden. In beiden Fällen repräsentiert dieses Symbol für mich die Rückkehr meiner weiblichen schöpferischen Energie. Weiterhin erkenne ich ein aufrecht stehendes, rot umrandetes Viereck, in dessen Ecken sich ein rotes Herz befindet; auf diesem liegt ein graues Schwert, um das sich eine weiße und eine schwarze Schlange wie um einen Caduceus (Heroldsstab) winden. Meine männliche Seite wird also durch ein leidenschaftlich rotes Herz und das magische Schwert Excalibur repräsentiert, das seinen Träger schützt. Zu meiner Überraschung sehe ich, daß meine düstere schwarze »Angst« in Harmonie mit meinem noch nicht manifestierten weißen »Verlangen« steht, da sich die schwarze und die weiße Schlange umeinanderschlingen. Dies ist eines meiner wenigen Mandalas, die nicht mit einem Kreis abgeschlossen sind. Dies weist nach meinem Empfinden darauf hin, daß der obige Prozeß noch immer in vollem Gang ist, und daß dieses Mandala die Verheißung beinhaltet, daß vielleicht noch einmal eine Phase dazugestickt werden könnte.

8. Sur En

Dieses Mandala ist mit Aquarellstiften gezeichnet. Die Kreise und Linien sind mit Zirkel und Lineal gezogen, und die Größe beträgt 11 x 15 cm. Ich habe dieses Mandala speziell als Farbenradillustration für dieses Buch gezeichnet. Aus dem weißen Licht im Mittelpunkt entspringen die drei Primärfarben Rot, Gelb und Blau und die dazwischen liegenden Mischfarben Orange, Grün und Violett. In ihrem Inneren und später auch im zweiten und dritten Farbenrand erscheinen die komplementären Farbkombinationen Rot-Grün, Gelb-Violett und Blau-Orange.

Der Name Sur En ist der Name des schweizerischen Campingplatzes am Inn, an dem ich dieses Mandala gezeichnet habe.

Modernes Motiv für ein indianisches Tongeschirr

7.
Entspannungs- und Visualisierungsübungen

Ein Mandala kann man nur dann besinnlich und intuitiv herstellen, wenn in dem Raum, in dem man arbeitet, eine entspannte Atmosphäre herrscht. Voraussetzung hierfür ist unter anderem, daß das Zimmer aufgeräumt ist und man nicht gestört werden kann. Eine gute Atmosphäre entsteht durch brennende Kerzen und Weihrauchduft, Duftlämpchen und meditative Musik, so daß man bei der Anfertigung eines Mandalas Ruhe und Gleichgewicht finden kann. Weiterhin können die nachfolgenden Entspannungs- und Visualisierungsübungen etwas zur Beruhigung des Geistes beitragen. Die Übungen werden liegend auf einer nicht zu weichen Unterlage oder auf einem Stuhl mit gerader Lehne ausgeführt, wobei die Füße nebeneinander auf dem Boden stehen und der Rücken gerade bleibt. Unverzichtbar ist eine gute Bauchatmung. Dies kann man selbst kontrollieren, indem man in der gewählten Entspannungshaltung beide Hände seitlich auf den Unterleib legt. Beim Atmen spürt man, wie der Bauch sich wölbt und wieder senkt. Bei den Entspannungsübungen am Boden liegen Arme und Hände seitlich am Körper. Auf einem Stuhl liegen die Hände auf den Knien oder übereinander im Schoß, wobei die Handflächen nach oben weisen und die Daumen aneinander anliegen.

1. Erdungsübung und das schützende Ei

Jede Entspannungs- und Visualisierungsübung beginnt mit Erden und Schützen. Dies geschieht wie folgt: Stellen Sie sich vor, daß aus Ihrem Becken eine große Wurzel tief in die Erde wächst, je tiefer, desto besser. Es spielt keine Rolle, ob man diese Übung im Sitzen, im Liegen, im Wald oder auf dem vierzehnten Stock durchführt. Diese Wurzel dringt nun durch alle Materie hindurch. Sie ist Ihre Verbindung mit der Erde und sorgt dafür, daß Sie bei der Übung nicht »abheben«. Prüfen Sie während der Übung regelmäßig, ob die Wurzel in Ihrem Vorstellungsvermögen noch lang genug ist; sie darf Ihnen nicht entschlüpfen.

Stellen Sie sich dann vor, daß Ihr ganzer Körper in ein durchsichtiges Ei gehüllt ist. Auf diese Weise können Sie sich gegen mögliche negative Einflüsse von außen abschirmen.

2. Entspannungsübung

Sorgen Sie dafür, daß Sie bequem sitzen oder liegen und daß Sie nicht durch beengende Kleidung oder irritierende Haare behindert werden. Führen Sie die Erdungsübung aus und stellen Sie sich das Ei vor.

Schließen Sie die Augen. Atmen Sie langsam und tief ein, halten Sie den Atem kurz an und entlassen Sie ihn dann langsam wieder. Tun Sie dies dreimal. Danach können Sie ruhig in Ihrem eigenen Rhythmus ein- und ausatmen, jedoch nicht mehr so tief, damit Ihnen nicht schwindelig wird. Achten Sie aber darauf, daß auch der Bauch mitatmet. Anschließend beginnt die eigentliche Entspannungsübung.

Spannen Sie beim Einatmen die Muskeln der Zehen und Füße an; halten Sie die Spannung eine kurze Weile und lassen Sie beim Ausatmen wieder los. Wiederholen Sie dies dreimal. Tun Sie anschließend dasselbe mit den Beinmuskeln: beim Einatmen anspannen, kurz festhalten und beim Ausatmen loslassen.

Es folgen die Muskeln von Gesäß und Beckenboden. Auch hier wiederum dreimal anspannen, festhalten und loslassen. Führen Sie dies weiterhin mit Bauchmuskeln, Rückenmuskeln, Schultermuskeln und Händen und Armen durch.

Rollen Sie zum Lockern des Nackens den Kopf vorsichtig nach links und wieder nach rechts. Spannen Sie jetzt alle Gesichtsmuskeln gleichzeitig an, indem Sie eine möglichst häßliche Grimasse ziehen; halten Sie diese Anspannung eine kurze Zeit aufrecht und lassen Sie dann wieder los. Spannen Sie abschließend nochmals beim Einatmen alle Muskeln des ganzen Körpers zugleich an, halten Sie die Anspannung eine kurze Weile, und lassen Sie beim Ausatmen wieder los. In dieser Weise haben Sie nach und nach ihren ganzen Körper angespannt und entspannt. Der Körper fühlt sich jetzt wohlig an; bleiben Sie noch eine Weile mit geschlossenen Augen sitzen oder liegen. Bewegen Sie jetzt vorsichtig die Füße und Beine, kreisen Sie das Becken, die Schultern, drehen Sie die Wirbelsäule und anschließend die Arme und Hände. Kreisen Sie den Kopf und ziehen Sie mit dem Gesicht Grimassen. Nehmen Sie dann wahr, während Sie langsam die Augen öffnen, wie Ihr Bewußtsein wieder durch Ihren ganzen Körper strömt, und seien Sie wieder im Hier und Jetzt.

3. Visualisierungsübung

Die Fähigkeit der Visualisierung kann durch die nachfolgende Übung gefördert werden.

Stellen Sie einen Gegenstand vor sich auf den Tisch, zum Beispiel eine Vase, eine brennende Kerze oder etwas anderes. Betrachten Sie einige Minuten lang intensiv diesen Gegenstand. Verfolgen Sie mit den Augen die Form, nehmen Sie die Farbe in sich auf und wenden Sie den Blick nicht von dem betreffenden Gegenstand. Schließen Sie dann die Augen und lassen Sie das Bild vor Ihrem inneren Auge erscheinen. Dies gelingt nicht immer sofort, doch macht Übung auch hier den Meister. Dies ist eine Vorübung für die nachfolgende Visualisierungsübung.

4. In den Kreis eintreten. Eine geführte Imaginationsübung

Der Körper ist entspannt, die Atmung ist ruhig, und die Augen sind geschlossen. Sie sind durch Ihre Wurzeln gut geerdet, und Sie sitzen in dem beschützenden transparenten Ei. Stellen Sie sich vor, daß Sie auf einem Waldweg wandern. Es ist ein herrlicher Frühlingstag; die Sonne strahlt vom Himmel, und Sie hören das Zwitschern der Vögel. Sie folgen eine Zeitlang dem Weg und stehen dann nach der letzten Biegung auf einer Lichtung. Vielleicht stehen dort Ihre Lieblingsbäume oder heilige Eichen.

In der Mitte der Lichtung liegt ein großer, flacher Stein, eine Art Mühlstein. Beim größten Baum betreten Sie einen kleinen Weg, der spiralförmig zwischen Walderdbeeren auf den großen Stein zuläuft.

Dieser Weg nimmt Sie auf. Nach der ersten Spirale kommt eine zweite, dann eine dritte, und schließlich stehen Sie am Stein. Sie können sich auf den Stein setzen und darüber nachdenken, daß Sie im Zentrum der Spirale, die ein Symbol für Ihren eigenen inneren Kern darstellt, angelangt sind.

Wenn Sie eine Weile auf dem Stein gesessen sind, gehen Ihnen allerlei Gedanken durch den Kopf, und Sie betrachten die Umgebung. Dann erscheint eine Person oder ein Tier. Heißen Sie dieses Geschöpf willkommen, denn es ist für Sie bedeutsam. Betrachten Sie sein Aussehen, und fragen Sie, ob es Ihnen etwas sagen möchte. Die Antwort ist nur für Sie bestimmt. Anschließend zieht sich das Geschöpf wieder zurück, und Sie sehen ihm nach, bis es wieder ganz im Wald verschwunden ist. Wenn Sie das Gefühl haben, daß es an der Zeit ist, erheben Sie sich wieder vom Stein und schreiten den Weg ruhig und vorsichtig wieder zurück. Gehen Sie langsam die erste Runde, dann die zweite Runde und in einem immer weiter werdenden Kreis die dritte Runde, bis Sie wieder bei dem großen Baum stehen. Blicken Sie nochmals auf die Lichtung mit dem Stein, Ihr eigenes Labyrinth, auf dem Sie durch den Weg in Ihr Zentrum geführt wurden, und das Sie, um eine neue Erfahrung bereichert, wieder zurück in den Wald geführt hat. Nehmen Sie Abschied von dem Ort mit dem heiligen Baumkreis, dem gewundenen Pfad und dem runden Stein.

Nun gehen Sie auf dem Waldweg wieder zurück in die bewohnte Welt. Gehen Sie jetzt in das Zimmer, in dem Sie sitzen, und Sie sind wieder in Ihrer gewohnten Umgebung. Bewegen Sie kurz alle Gliedmaßen und spüren Sie, wie das Tagesbewußtsein wieder in Ihren Körper einströmt. Atmen Sie einige Male tief, und öffnen Sie dann langsam die Augen. Sie sind wieder im Hier und Jetzt. Gehen Sie ein wenig umher und strecken Sie sich.

Nach dieser Übung können Sie, wenn Sie möchten, ein Blatt Papier und Stifte (oder anderes Material, mit dem Sie gerne arbeiten) nehmen und dann ganz intuitiv ein Mandala anfertigen, das alle Qualitäten der soeben gemachten Erfahrungen beinhaltet.

5. Übung zum Ausschalten der linken Gehirnhälfte

Achten Sie auf eine ruhige, entspannte Haltung. Blicken Sie zuerst fest auf den Mittelpunkt eines einfachen Mandalas. Versuchen Sie dann, das ganze Mandala mit einem Augenaufschlag zu erfassen und einfach auf sich wirken zu lassen, wie es vor Ihnen liegt.

Versuchen Sie nicht, Formen zu erkennen oder zu analysieren. Dadurch wird das oft chaotische Denkmuster der linken Gehirnhälfte ruhiger, so daß die für Kreativität offene, rechte Gehirnhälfte zum Zuge kommen kann. Durch das Fixieren des Mandalas können Sie sich besser konzentrieren.

Tun Sie dies anfänglich einige Minuten; später können Sie sich so viel Zeit nehmen, wie Sie brauchen, um zur Ruhe zu kommen.

Es ist normal, wenn das Mandala zu schwingen und sich zu bewegen beginnt oder wenn Sie immer neue Formen erscheinen sehen.

Motiv für einen indianischen Korb.

Einige Worte zum Schluß

*Im Laut der Stille
wird die Antwort geboren.*

Diesen Satz schrieb ich vor einigen Jahren in einem Augenblick der Ruhe und Besinnung, noch bevor ich jemals etwas von Mandalas gehört hatte.

Ich finde, daß dieser Spruch den Wert eines persönlichen Mandalas sehr schön zum Ausdruck bringt. Wir können die beruhigende Wirkung, die sowohl von der Anfertigung wie von der Betrachtung eines Mandalas ausgeht, in unserem oft chaotischen und hektischen Alltagsleben als sehr wohltuend erleben.

In dem alten holländischen Kindervers *Jan Huigen* lernen wir, wie wichtig der umgebende Kreis ist:

>Jan Huigen in de ton,
>met een hoepeltje erom.
>Jan Huigen, Jan Huigen.
>En de ton die viel in duigen.

>Jan Huigen im Faß
>mit einem Reifen herum.
>Jan Huigen, Jan Huigen.
>Und das Faß fiel auseinander.

Wenn der Reifen um das Faß entfernt wird, fallen die Dauben auseinander, und man hat keine Tonne mehr, sondern nur noch einen Haufen Bretter, mit denen man nichts anfangen kann. Der Umkreis des Mandalas ist wie der Faßreifen. Der Kreis hüllt alles ein, was man in ihn gezeichnet, gemalt oder gestickt hat. Die Mitte des Kreises ist der Ruhepunkt, in dem man sich sicher fühlen darf und sich ganz in seinen bewußten und unbewußten inneren Symbolen äußern kann. Der Kreis sorgt dafür, daß keine Energie verloren geht, und der symmetrische Aufbau des Mandalas läßt ein harmonisches Ganzes entstehen, in dem sich aus unseren Fragen Antworten entwickeln können.

Literaturhinweise

BRAUEN, MARTIN: *Das Mandala. Der Heilige Kreis im tantrischen Buddhismus*, Köln 1992.

COPONY, HEITA: *Das Mysterium des Mandalas*, Grafing 1993.

DAHLKE, RÜDIGER: *Mandalas der Welt. Ein Meditations- und Malbuch*, München 1994.

DÖRING, BRUNO: *Schenk dir ein Mandala! Bilder der Mitte zum Anschauen und Ausmalen*, Berlin 1993.

HOLITZKA, KLAUS/NIEMUTH, JOCHEN: *Das Mandala als Grundstruktur des Universums*, Seeon 1994.

JUNG, CARL G.: *Mandala. Bilder aus dem Unbewußten*, Heitersheim 1979.

KANDINSKY, WASSILIY: *Über das Geistige in der Kunst*, Bern 1952.

KRAAZ VON ROHR, INGRID S.: *Die Farben deiner Seele. Ein praktisches Werkbuch*, München 1991.

LEADBEATER, C. W.: *Die Chakras*, Freiburg 1988.

LIEBIG, NITO VINZENT: *Unterwegs zum eigenen Zentrum. 24 Mandalas zum Selbstgestalten*, Braunschweig 1993.

MEES-CHRISTELLER, EVA: *Kunsttherapie in der Praxis*, Stuttgart 1995

SUN BEAR & WABUN WIND: *Das Medizinrad; Eine Astrologie der Erde*, München 1988.

WALKER, BARBARA G.: *Das geheime Wissen der Frauen*, Frankfurt 1993.

Musik

Wenn man bei der Anfertigung eines Mandalas gerne Musik hört, hat man meist seine eigenen Vorlieben für bestimmte Werke der U- oder E-Musik. Für die Erzeugung einer empfänglichen Stimmung gibt es spezielle CDs und Musikkassetten mit einer meditativen und spirituellen Musik, die beruhigt und entspannt. Nachfolgend einige Empfehlungen.

Adagio. Teil 1 und 2, ausgewählt von Hartmut Zeidler, Anna Turner und Stephen Hill, in: *Celestial Harmonies.* Eine zwei und zweieinhalb Stunden dauernde Sammlung klassischer westlicher Orchestermusik, die eine harmonische und entspannende Atmosphäre erzeugt. Mit Werken von Albinoni, Bach, Dvorak, Grieg, Haydn, Mahler, Ravel und anderen.

Clannad: *Magical ring.* RCA. Zeitlose und reizvolle Musik der Gruppe Clannad, durch die man in die alte keltische Geschichte des mystischen Irland zurückgeführt wird; sowohl traditionelle als auch moderne Kompositionen werden zu Gehör gebracht.

Halpern, Steven: *Spectrum Suite.* Diese Musik, die auf dem elektrischen Klavier gespielt wird, bringt Körper, Seele und Geist in Harmonie, weil sie auf die Energien der sieben Chakren abgestimmt ist.

Horn, Paul: *Inside the Great Pyramid.* Mittlerweile klassisch gewordene meditative Komposition eines Pioniers auf dem Gebiet der New Age-Musik. Paul Horn spielt hier auf der Flöte in der Königskammer der großen Cheops-Pyramide, die eine großartige Akustik hat.

Inkarnation: *Licht-Prakash-Light.* Sattva Art Music. Gesang, Flöte, Sitar, Tamburin, Gitarre, Baß, Keyboard, Synthesizer, Klavier. Die Gruppe »Inkarnation«, bestehend aus Oliver Serano-Alve, Margot Vogl und Veit Wayman, bringt hier eine unvergleichliche Musik zu Gehör, der man am besten ruhig liegend lauscht. Die zehn Stücke klingen aus den tiefsten Tiefen der Erde bis in die höchsten kosmischen Regionen und erzeugen eine Synthese zwischen der männlichen und weiblichen Energie.

Kobialka, Daniel: *Timeless motion*. Der bekannte klassische Pachelbel-Kanon findet sich auf dieser CD in einer Bearbeitung des Geigers Kobialka. Diese sehr ruhige Musik wirkt tief entspannend.

Magnum Mysterium. Teil 1 und 2 (Collection of Sacred Music Classics), ausgewählt von Ellen Holmes, in: *Celestial Harmonies*. Je zweieinhalb Stunden geistliche Chormusik vieler klassischer Komponisten wie Bach, Byrd, Fauré, Orlando di Lasso, Monteverdi, Palestrina, Vivaldi.

Naegele, David: *Temple in the Forest*. Mit Naturgeräuschen (Vögel, Bach) und Glocken, umrahmt von leisen Klavier- und Synthesizerklängen. Diese Musik ist sehr meditativ und entspannend.

Rampal, Jean-Piere und Lily Laskin: *Japanese Melodies for Flute and Harp*. Traditionelle, ruhige japanische Volkslieder, die eine friedliche Stimmung erzeugen.

Rowland, Mike: *The Fairy Ring*. Oreade. Sehr ins Ohr gehende Klavier- und Synthesizermusik, die durch ihre Einfachheit eine sehr entspannende Wirkung hat.

Rowland, Mike: *Silver Wings*. Oreade. Wie in *The Fairy Ring* Entspannungsmelodien, die eine ruhige Stimmung erzeugen und eine Wohltat für das Ohr sind.

Schroeder-Sheker, Thérèse: *Rosa Mystica,* in: *Celestial Harmonies*. Harfe, Cello, Glocken und andere Instrumente. Wunderschöne instrumentale und gesungene Balladen, Wiegenlieder und andere mittelalterliche Musik mit kontemplativem Charakter, bei der die Rose als mystisches Symbol im Zentrum steht.

Scott, Tony: *Music for Zen Meditation*. Diese schon 1964 aufgenommene Musik ist innerhalb der meditativen Musik ebenfalls bereits ein Klassiker geworden. Mit Klarinette, japanischer Flöte und Koto zaubert Tony Scott Klänge herbei, die eine tiefe Entspannung auslösen und eine kontemplative Zen-Atmosphäre erzeugen.

Wakeman, Rick: *Aspirant Sunrise*. Sattva Art Music. Ruhige Klaviermusik, die einen ruhigen und sanft dahinplätschernden Rhythmus hat; keine komplizierten Kompositionen und daher gerade durch Schlichtheit wirksam.

GOLDMANN TASCHENBÜCHER

Das Goldmann Gesamtverzeichnis erhalten Sie im Buchhandel oder direkt beim Verlag.

Literatur · Unterhaltung · Thriller · Frauen heute
Lesetip · FrauenLeben · Filmbücher · Horror
Pop-Biographien · Lesebücher · Krimi · True Life
Piccolo Young Collection · Schicksale · Fantasy
Science-Fiction · Abenteuer · Spielebücher
Bestseller in Großschrift · Cartoon · Werkausgaben
Klassiker mit Erläuterungen

✳ ✳ ✳ ✳ ✳ ✳ ✳ ✳ ✳ ✳

Sachbücher und Ratgeber:
Gesellschaft/Politik/Zeitgeschichte
Natur, Wissenschaft und Umwelt
Kirche und Gesellschaft · Psychologie und Lebenshilfe
Recht/Beruf/Geld · Hobby/Freizeit
Gesundheit/Schönheit/Ernährung
Brigitte bei Goldmann · Sexualität und Partnerschaft
Ganzheitlich Heilen · Spiritualität · Esoterik

✳ ✳ ✳ ✳ ✳ ✳ ✳ ✳ ✳ ✳

Ein SIEDLER-BUCH bei Goldmann
Magisch Reisen
ErlebnisReisen
Handbücher und Nachschlagewerke

Goldmann Verlag · Neumarkter Str. 18 · 81664 München

Bitte senden Sie mir das neue kostenlose Gesamtverzeichnis

Name: _____

Straße: _____

PLZ/Ort: _____